PSICOSSEXUALIDADES HOJE

Blucher

PSICOSSEXUALIDADES HOJE

Aportes psicanalíticos

Organizadoras

Jurenice Picado Alvares
Patrícia Alkolombre

Psicossexualidades hoje: aportes psicanalíticos

Editora Edgard Blücher Ltda.

Publisher Edgard Blücher
Editor Eduardo Blücher
Coordenador editorial Rafael Fulanetti
Coordenação de produção Andressa Lira
Produção editorial Kedma Marques
Preparação de texto Samira Panini
Diagramação Erick Genaro
Revisão de texto Regiane da Silva Miyashiro
Capa Laércio Flenic
Imagem da capa Andrea Ramalho Miranda

Blucher

Rua Pedroso Alvarenga, 1245, 4º andar
04531-934 – São Paulo – SP – Brasil
Tel.: 55 11 3078-5366
contato@blucher.com.br
www.blucher.com.br

Segundo o Novo Acordo Ortográfico, conforme 6. ed. do *Vocabulário Ortográfico da Língua Portuguesa*, Academia Brasileira de Letras, julho de 2021.

Dados Internacionais de Catalogação na Publicação (CIP)
Angélica Ilacqua CRB-8/7057

Alvares, Jurenice Picado
Psicossexualidades hoje : aportes psicanalíticos /
Jurenice Picado Alvares, Patrícia Alkolombre.
São Paulo : Blucher, 2024.
278 p.

Bibliografia
ISBN 978-85-212-2366-5

1. Psicanálise 2. Comportamento sexual I.
Título II. Alkolombre, Patrícia

24-1536 CDD 150.195

Índices para catálogo sistemático:
1. Psicanálise

Conteúdo

Prefácio

É sempre uma honra escrever um prefácio e assim comemorar o lançamento de um livro. Especialmente porque é um produto escrito a partir de um intercâmbio enriquecedor, mais especificamente, de uma Jornada do COWAP. Dessa forma, o que foi compartilhado, ouvido e sentido volta a fazer sentido graças à escrita, permitindo-nos rever e relembrar. Acima de tudo, sempre questionar, mantendo uma psicanálise viva e plena.

Diversas reflexões sobre psicossexualidades, gêneros e subjetividades humanas são apresentadas em 24 capítulos cuidadosamente selecionados e organizados em oito partes. Isso reflete a riqueza e a diversidade do campo psicanalítico contemporâneo: a natureza profunda e multidimensional da subjetivação em nosso tempo é capturada.

Quero destacar que este livro, desde a capa, anuncia o caráter estético e enigmático dos escritos que o leitor encontrará ao abri-lo e lê-lo. A importância do livro merece pelo menos uma breve resenha dos capítulos, na esperança de que seja um provocativo convite à leitura aprofundada.

A Parte I nos leva a uma viagem reflexiva sobre a psicossexualidade e o complexo de Édipo na prática da clínica contemporânea. Carmen Luz Silva Sánchez, no seu texto "Um apelo a uma certa sexualidade: o lugar da psicossexualidade e do complexo de Édipo na prática clínica contemporânea", desafia as convenções comuns ao sustentar que os conceitos de psicossexualidade e de complexo de Édipo permanecem relevantes para a compreensão da subjetividade humana hoje. A seguir, leremos a obra de María Laura Dargenton e Pablo Silvetti, "Celeste, e um corpo marcado pela ambiguidade", uma história que nos comove e que ilumina a complexidade da materialidade dos corpos, bem como a construção da subjetividade. Juliana Picado Alvares Ribeiro dos Santos, em "Conversando sobre caminhos das psicossexualidades", nos leva a investigar a subjetividade e a psicossexualidade, destacando o papel da psicanálise nas questões de gênero e sexualidade em nossa sociedade.

A infância e a adolescência estão presentes na Parte II, encontrando ricos elementos para pensar e entender a bissexualidade e a construção da identidade de gênero. Ema Ponce de León, em "Pensando a bissexualidade na puberdade e na adolescência feminina: uma clínica em transição", reflete sobre as mudanças culturais e seu impacto na expressão da bissexualidade nas relações adolescentes. José Enrique Galeano da Costa, por sua vez, em "Psicossexualidade e gênero em crianças e adolescentes do sexo masculino: pensar as masculinidades hoje", aprofunda a relação entre a masculinidade, o imaginário do poder e a experiência da sexualidade em homens jovens. Depois, Teresa Rocha Leite Haudenschild, em seu trabalho "A capacidade de rêverie parental e momentos-chave na construção da feminilidade da menina e da adolescente", destaca a importância do sonho parental para o desenvolvimento da feminilidade em meninas adolescentes.

Na Parte III, refletiremos sobre a diversidade sexual e a psicanálise. Fernando Orduz González, em "Além do falo", nos convida a discutir e repensar a noção de falo na teoria psicanalítica a partir da exploração de novas perspectivas sobre sexualidade e subjetividade. Por outro lado, a cineasta Coraci Ruiz, em "Dialogando sobre o documentário Limiar", compartilha de forma extremamente estética e honesta sua experiência ao documentar cuidadosamente a jornada de transição de gênero de seu filho adolescente. E veremos de que modo a câmera se converte em instrumento para o diálogo com seu filho e com o leitor sobre identidade de gênero. A seguir, Rodrigo Lage Leite, em "Refletindo sobre diversidade sexual e psicanálise", assinala a importância da diversidades sexuais na teoria e prática psicanalítica e como ela contribui para a nossa compreensão das experiências LGBTQIAPN+.[1]

A Parte IV aborda as consequências psicológicas da violência contra as mulheres. Teresa Lartigue, em "Algumas consequências da violência contra as mulheres: indução ao suicídio e/ou infidelidade", mostra como a violência pode levar as mulheres a sentirem-se presas e como a psicanálise pode ajudar a compreender e a trabalhar essas consequências. Da mesma forma, Cândida Sé Holovko, em "Luzia e Leandro – abuso, horror e lucidez", nos leva a pensar no caso clínico de uma mulher abusada e violentada em seus relacionamentos, destacando a importância do trabalho terapêutico psicanalítico para sua recuperação.

A Parte V explora diversas manifestações de masculinidades na contemporaneidade. Virginia Ungar, em "Masculinidades", mostra como as masculinidades são atualmente construídas e vivenciadas e aborda questões como os papéis de gênero e a violência masculina. Por sua vez, Sergio Eduardo Nick, em "Por uma masculinidade cuir", apresenta a noção de masculinidade cuir e suas implicações como um desafio aos conceitos tradicionais de masculinidade.

Parentalidade e filiação são apresentadas na Parte VI. Mag. Graciela Cardó Soria, em seu texto "Onde coloco o que encontrei:

---

1 Sigla que abrange pessoas que são Lésbicas, Gays, Bi, Trans, Queer/Questionando, Intersexo, Assexuais/Arromânticas/Agênero, Pan/Poli, Não-binárias e mais.

parentalidades em esboço", explora diversas modalidades de parentalidade na perspectiva psicanalítica, destacando a proposta de repensar a parentalidade em tribo na qual os laços de apego encontram vários membros. Por sua vez, Patrícia Alkolombre, em "Paternidade, desejo de filho e filiação", aprofunda o desejo de ter um filho, do ser pais e a construção da identidade dos filhos. Por fim, nesta seção, Jurenice Picado Alvares reflete sobre as diversas formas de parentalidades, bem como seu impacto na subjetividade das crianças, em seu texto "Parentalidades: algumas formas de expressão".

A Parte VII traz temas que destacam a importância dos aspectos transgeracionais e culturais na atualidade. Dessa forma, María Antonieta Pezo, em "A violência de gênero: uma questão intergeracional e/ou transgeracional", explora e convida-nos a acompanhá-la na reflexão sobre como a dinâmica e a violência de gênero podem ser transmitidas pelas gerações. Gley P. Costa, em "Uma reflexão sobre o masculino no mundo contemporâneo", estuda as evoluções na construção da masculinidade em nossos tempos. Sodely Páez, em seu escrito intitulado "A incorreção política do binarismo", discute noções binárias de gênero e sua relação com o politicamente correto. Anabel Beniscelli, Josefina Caldas e Sebastian Putrelli apresentam uma leitura crítica das estruturas patriarcais contemporâneas em "A configuração patriarcal: liberdade condicional".

Finalmente, após esse rico percurso, a Parte VIII conduz-nos a reflexões importantes sobre a identidade de gênero e a transmissão psíquica nas famílias homoparentais. Eva Rotenberg, em "O self e a construção da identidade de gênero", explora a construção da identidade de gênero e do self desde um psiquismo que se constrói de forma relacional. Abre novos conceitos psicanalíticos como "funções parentais ampliadas" – atos psíquicos que constituem o contexto pré-edípico e as resoluções do complexo de Édipo do filho. Desenvolve a categoria de diferença – organizador psíquico. Manola Vidal, Márcia Renata Barroso e Mariza Moreno, em "Sobre a transmissão psíquica da identidade de gênero em famílias homoparentais", mostram as complexidades da transmissão psíquica da identidade de gênero em diversos contextos familiares. Marianna Ramos e Oliveira, em "Coisa de menina: implicações e atribuições do feminino no atendimento de uma adolescente", aborda a importância do gênero para a vida dos adolescentes. Por fim, Liliana Hernández Almazán, em "Adão ou Eva? Reformulações psicanalíticas do feminino na escrita", trata da construção da feminilidade e da escrita.

Convido você a ler este livro. Aguarda-nos uma nova elaboração de temas complexos aqui abordados com a profundidade do pensamento psicanalítico contemporâneo. A clínica atual é capturada e nos impele a compreendê-la e, assim, a nos conhecermos melhor como seres humanos. Neste percurso, testemunharemos esse diálogo intenso e enriquecedor que, sem dúvida, contribuirá para a nossa compreensão da psicossexualidade, do gênero e da cultura no mundo de hoje.

Mag. Graciela Cardó Soria
Co-chair COWAP Latinoamérica

Apresentação

O Comitê Mulheres e Psicanálise (COWAP) foi constituído como Comitê Científico da Associação Psicanalítica Internacional (IPA) em 1998, durante a presidência de Otto Kernberg. O projeto foi de Joan Raphael Leff para promover a perspectiva de gênero na teoria e na clínica psicanalítica buscando refletir sobre mulheres e a psicossexualidade feminina na obra psicanalítica. Em 2001, foi incluído estudo sobre os homens e, a psicossexualidade masculina e os outros gêneros. Desde sua fundação, o COWAP mantém um constante espaço para reflexão, questionamentos e intercâmbios com outras disciplinas em temas como feminilidade, masculinidade, psicossexualidades, relações de gênero, parentalidades, técnicas reprodutivas e violência de gênero.

Em 1999, iniciamos um grupo de estudos na Sociedade Brasileira de Psicanálise de São Paulo (SBPSP) com membros desta e do Instituto, estudamos primeiramente o feminino e seguimos com bissexualidade psíquica, masculino, violências, psicossexualidades e gênero, as diversas formas de parentalidades, considerando os fatores socioculturais e suas implicações na psicanálise. Como resultado dos estudos e dos diálogos desenvolvidos com outras Sociedades do Brasil e da América Latina, temos uma rica produção científica.

Em 2017, os trabalhos apresentados no Diálogo Latino-Americano Intergeracional entre Homens e Mulheres na SBPSP (junho, 2016) e na Jornada do COWAP no Pré-congresso da FEPAL (setembro, 2016) foram compilados em uma primeira publicação em língua portuguesa dos Diálogos do COWAP Latino Americano - *Sexualidades e gênero: desafios da psicanálise* (Blucher).

Dando continuidade aos Encontros Científicos organizados pelo COWAP, publicamos em 2024 nesta edição o segundo livro em português com os trabalhos apresentados na Jornada Latino-Americana do COWAP, intitulada *Psicossexualidades hoje: aportes psicanalíticos*, realizada em outubro de 2021 na SBPSP.

O tema foi selecionado considerando os efeitos das mudanças históricas sobre os processos de subjetivação na contemporaneidade que demandam uma reflexão teórica e clínica, necessária à função do psicanalista. O evento foi preparado nos idiomas português e espanhol e, realizado online, devido à pandemia da covid-19.

A ordem da apresentação dos textos neste livro segue a sequência das mesas na Jornada.

Esse evento propiciou interlocução e debates teórico-clínicos com psicanalistas do Brasil e de outros países da América Latina, além de profissionais de outras áreas, contemplando inquietações sobre a diversidade sexual e seus reflexos na clínica e na cultura, resultando em profícuas discussões.

Nosso reconhecimento aos membros do COWAP e a todas e todos que contribuíram para esta publicação, em especial as atuais *chair* COWAP, Patrícia Alkolombre e a *co-chair* Mag. Graciela Cardó Soria, assim como aos conferencistas, coordenadoras (mesa e chat), comissões que trabalharam na realização desta Jornada e a equipe da secretaria da SBPSP - Fabiana dos Santos, Carlos da Cunha e Diógenes

Gomes dos Santos, e à artista plástica Andrea Ramalho Miranda, responsável pela arte da capa do livro, imagem que nos acompanhou nessa Jornada. Desejamos que a leitura desse livro propicie reflexões, pensamentos com mais questionamentos e menos certezas, buscando olhar diferentes horizontes.

Agradecemos a diretoria da Sociedade Brasileira de Psicanálise de São Paulo e nossa gratidão aos colegas Cláudio Laks Eizirik e Almira Rodrigues pela produção da quarta capa e orelha do livro, respectivamente.

Jurenice Picado Alvares
Membro de enlace COWAP na SBPSP (desde 2020)

Cândida Sé Holovko
Co-chair para América Latina (2014-2017)

Juliana Picado Alvares Ribeiro dos Santos
Representante do COWAP no Brasil - enlace dos Membros Filiados (2018-2021)

Palavras preliminares

É um prazer e uma alegria muito grande ver "nascer" um novo livro do COWAP da América Latina que reúne a produção científica da Jornada Latino-Americana do COWAP organizada pela Sociedade Brasileira de Psicanálise de São Paulo (SBPSP) sobre um tema de grande atualidade: *Psicossexualidades hoje: aportes psicanalíticos.* Esta publicação é a segunda editada em português e recordamos que, no Congresso Internacional de Cartagena em 2023, incluiu-se o idioma português como língua da IPA.

É uma obra que reúne valiosas contribuições de psicanalistas de distintas latitudes de América Latina em torno das problemáticas contemporáneas de grande relevância. Entre os temas que foram debatidos, encontramos neste livro: as identificações sexuais e os caminhos do desejo, as psicossexualidades na infância e adolescência, as diversidades sexuais, a violência contra a mulher, as masculinidades hoje, as parentalidades, o masculino e o transgeneracional na cultura contemporânea e concluímos com reflexões sobre bissexualidade e gênero. Os capítulos que percorrem o livro ressaltam as reflexões teóricas e clínicas que contribuem para a psicanálise graças ao seus aportes. Gostaria também de destacar a participação de candidatas e candidatos nesta publicação, seguindo uma das bases do COWAP desde seu estabelecimento via intercâmbio intergeracional entre analistas com o objetivo de que todas as vozes sejam ouvidas.

Não me resta mais que felicitar a todos e cada um dos psicanalistas que, com sua experiência e por meio de suas contribuições, percorrem estas páginas e dão corpo a este fecundo livro. Convido-os para a leitura!

Patrícia Alkolombre
Presidenta do COWAP (Comitê Mulheres e Psicanálise da IPA)

Parte I
Identificações sexuais e caminhos do desejo

1. Um apelo a uma certa sexualidade: o lugar da psicossexualidade e do complexo de Édipo na prática clínica contemporânea

Carmem Luz Silva Sánchez

Não é estranho ouvir hoje em dia, na psicanálise em geral, e especialmente em algumas correntes teóricas em particular, que a concepção da psicossexualidade parece ter perdido a sua força na nossa compreensão da prática clínica contemporânea. Nossas ideias sobre psicossexualidade e o complexo de Édipo parecem permanecer válidas apenas no campo da neurose, e são conceitos estreitos ou abertamente superados pela interpelação feita pelas imagens que definem a clínica psicanalítica atual. Imagens que não apresentam manifestações psíquicas, mas sim expulsões ao corpo ou ao ato, caleidoscópicas em suas manifestações, que muitas vezes parecem desprovidas de sentido, aparentemente curto-circuitam nosso edifício teórico, já que põem em primeiro plano o compromisso do pensamento, perdendo de vista o papel e a relação da psicossexualidade com a construção desse pensamento.

Esta apresentação pretende ser uma modesta tentativa de pensar como ressituar esse par de elementos teóricos, da tradição psicanalítica mais clássica, num panorama como o que estou a descrever. Para isso, retomo sempre o psicanalista francês André Green que, em 1996 intitulou um artigo assim: *A sexualidade tem alguma coisa a ver com a psicanálise?* Estou então sobre os ombros de Green para resgatar o conceito de psicossexualidade e defender o seu lugar na compreensão dos quadros não neuróticos, reafirmando de passagem a centralidade que o complexo de Édipo ainda tem neles, embora como conceito complexificado e transformado, tudo isso para continuar a pensar nas identificações sexuais e nos caminhos do desejo nos dias de hoje.

Antes de partir, um sonho...

Bernardo, um paciente homossexual, filho de uma mãe severamente narcisista – negadora da homossexualidade dele e do irmão mais velho – e um pai alcoólatra, diz-me:

Estamos com o meu irmão aos pés da cama da minha mãe, ela está a desafiar-nos sobre algo, muito perturbada, a gritar. De repente, no canto da sala, como se estivesse num canto, aparece o meu pai, sentado numa poltrona, caído de crista. Eu não sei o que sentir. Eu vou ter com ele e digo com raiva: "Não estavas morto?"

Sexualidade? Sim, mas qual deles?

Green (2017) diz que nas últimas décadas, o foco principal na clínica psicanalítica mudou das chamadas neuroses clássicas para distúrbios de personalidade limítrofes. Essa mudança foi acompanhada pelo que ele descreve como um desinteresse na sexualidade em favor do funcionamento do eu, ou das relações de objeto. Da sua perspectiva, que eu subscrevo, nem os transtornos do ego nem as relações de objeto regressivas devem ser separados da sexualidade e suas vicissitudes.

Green (2017) argumenta que a relação entre sexualidade e neurose é essencial para compreender a coerência do ponto de vista freudiano. Se considerarmos o seu trabalho como um todo, podemos discernir um ponto de viragem na análise de "O Homem dos Lobos" (Freud, 1918), um caso em que ele apresenta perspectivas sem precedentes. Ao descrever mecanismos de defesa até então desconhecidos, como a divisão e a forclusão, ele abre o caminho, diz Green, para o estudo dos estados limítrofes. A sexualidade arcaica torna-se agora um tema de grande interesse, não só pela importância dada às fixações pré-genitais, mas também pela sua relação com as defesas primitivas do ego. Segundo Green, a partir desse ponto, a nossa concepção de psicanálise muda inexoravelmente. Seria errado argumentar, então, que nessas estruturas o papel da sexualidade é menos importante do que nas neuroses; como diz Green, é melhor dizer que o seu lugar é diferente.

Segundo Green, na neurose, o complexo de Édipo positivo predomina sobre o negativo, a repressão em vez da cisão, e o julgamento da existência junto com o julgamento da realidade em relação ao princípio do prazer-prazer, vértices que tendem a ser invertidos em estruturas não neuróticas. Neste último, a sexualidade pode ser organizada em torno de dois polos com algumas constelações intermediárias. Cito:

> Em casos de genitalização de fixações pré-genitais, *há uma tentativa compulsiva de expressar características genitais ligadas a uma pré-genitalidade que revela fixações orais e anais.* No segundo tipo de casos, *as expressões pregenitais mascaram as fixações genitais por meio de todo tipo de defesas, desde a repressão à clivagem, protegendo o conflito genital oculto (grifos meus, p. 234).*

Nas estruturas fronteiriças ou não neuróticas, coexistem diferentes pontos de fixação pré-genital, com suas correspondentes características ligadas à sexualidade, mas também ao funcionamento do ego, com outros modos de defesa que não a repressão. Isso significa que diferentes níveis de funcionamento coexistem lado a lado, sem contradição. Além disso, enquanto em quadros neuróticos aparecem ansiedades de castração e penetração, em casos-limite, as ansiedades de intrusão (ligadas à penetração) e as ansiedades de abandono (ligadas à castração) estão correspondentemente em jogo. Segundo Green, a sexualização defensiva (ou melhor, a genitalização defensiva) torna visível um impulso agarrado a um objeto que adquire o caráter de insubstituível, nem móvel nem dispensável, uma fórmula que explica a fixação paradoxal intensa, mas com fraca investidura, apresentada por Freud. A sexualização toma como modelo, além das práticas sexuais concretas, o da masturbação autoerótica. O ego se confunde com o objeto, e se a violência também se infiltra e domina a sexualidade – e as experiências não podem ser vivenciadas como predominantemente desejáveis ou prazerosas – "'os afetos são substituídos por necessidades imperiosas e impulsos irreprimíveis'. Vingança, dominação, controle, o desejo de aniquilar o livre arbítrio do outro reinado na mente. Nestes casos estamos certamente 'além do princípio do prazer'" (p. 239). Podemos compreender, então, que essa genitalidade não é a mesma que costumamos observar; "às exigências imperiosas, às exigências incessantes, aos ciúmes torturantes e à necessidade de atenção exclusiva, acrescenta-se a incapacidade de tolerar a frustração, levando ao ressentimento e a feridas narcisistas persistentes" (p. 242).

Em síntese, enquanto na neurose, o equilíbrio entre esses vários elementos não implica uma regressão significativa do ego, nas estruturas não neuróticas é possível apreciar tanto uma regressão do ego como, em paralelo, uma regressão da sexualidade para fixações pré-genitais, o que implica necessariamente alterações e distúrbios na construção dos processos de pensamento.

O estudo das estruturas não neuróticas oferece, segundo Green (2017), uma preciosa oportunidade para conhecer o que para ele é o significado da sexualidade e seu caminho: nascido e enraizado no biológico, é sempre uma força interna dirigida para o exterior. Se para Green o ser humano é um sujeito guiado pela busca do prazer obtido por intermédio dos objetos, a sexualidade é uma força de dupla orientação: de dentro para dentro e de dentro para fora (e vice-versa). Essa dupla articulação entre o intrapsíquico e o intersubjetivo é, para ele, o que é específico e único no campo da psicanálise.

Complexo de Édipo? Sim, mas qual deles?

Para Green (1981), o complexo de Édipo tem uma dupla pertença: à natureza e à cultura. À natureza por meio da biologia, a chamada constituição genética. Mas como a criança nasce prematura e inacabada, a sua sobrevivência depende da sua capacidade de criar relações de dependência com ambos os pais, o que é uma característica distintiva do ser humano em relação a outras espécies animais. Essa dependência prolongada implica que a herança não é apenas biológica, mas também social, que a cultura permeia a vida da criança mesmo antes do nascimento, mas que deve ser apropriada para que ela se torne psíquica.

Depois de Green (1981), é possível argumentar que todos os sujeitos, independentemente da sua estrutura psicopatológica, chegam ao Édipo. Cito:

> *A centralidade do Édipo vem do fato de que a criança, antes de ter sua própria experiência, ocupa um lugar que só pode se referir ao já presente Édipo de seus pais... O Édipo é, portanto, uma estrutura como um destino a ser cumprido. É encontrado como um germe desde o nascimento e mesmo antes do nascimento, nos fantasmas dos pais; atinge sua floração plena no final da sexualidade infantil. É um conceito duplo: embora abranja toda a relação da criança com os seus objectos parentais considerados globalmente, revela a constituição do sujeito que emerge deste todo pelo culminar dos conflitos ligados à diferença de sexos e de gerações. (p. 4-5)*

Com seu desaparecimento, o complexo de Édipo se apresenta como um organizador psíquico que dá um sentido às fases anteriores à sua instalação, mas que também determina, fazendo uso dos recursos defensivos que operam, as escolhas futuras dos objetos e a forma de avaliar todos os problemas ligados à diferença dos sexos e das gerações.

Para Green (1981), o Édipo é um triângulo aberto, reunindo o pai – ou o terceiro, o outro da mãe –, a mãe e a criança. Essa triangulação inicial refuta a descrição habitual que só vê a relação mãe-filho como o ponto de partida, a partir do qual o pai estaria ausente no início. O autor argumenta a necessidade de se falar de um triângulo aberto porque

> *a relação mãe-filho sendo corporal e direta, como a relação mãe-pai, semelhante mas não equivalente, a relação do pai com o filho mantém um caráter indireto. Nele o contato nunca é tão completamente marcado pelo corpo a corpo como aquele que uniu a mãe com a criança durante a gravidez. (p. 6 da tradução)*

Green está interessado em sublinhar a oposição já feita por Freud entre o objeto, a relação maternal e sexual da criança com o peito da mãe – a relação corpo a corpo, propriamente dita de objeto – e a relação narcisista, fracamente sexualizada ou não sexualizada da criança com a imagem idealizada do pai – que inaugura a linha de identificação.

Desde esse início, Green (1981) entende que se estabelece uma relação de fusão entre mãe e filho, cujas trocas são marcadas por uniões e separações que não são objeto de consciência, mas que permitem que esse universo de relações de impulso seja dividido em boas e más. Para Green, é claro que o essencial nesse ponto ocorre entre a mãe e a criança, mas parece-lhe igualmente claro que a situação triangular ainda está em jogo, já que o pai está inscrito na mãe como uma figura de ausência. Cito:

> *Este fator essencial na estruturação das relações mãe-filho deve-se ao lugar que o pai ocupa na mente da mãe, e como ela o localiza em relação aos fantasmas edipais de sua infância. Esta actualização atribui-lhe o estatuto de causa ausente que é o determinante invisível da relação mãe-filho. (p. 7 da tradução)*

Segundo essa abordagem, a intervenção eficaz do pai, que até agora não suscita conflitos, será mais tarde significada, tornando-se a causa do fim dessa relação de fusão, devido ao seu papel de separador entre mãe e filho. A função paterna, ao cortar a corrente de investidas recíprocas que uniam mãe e filho, separa-os e permite, em um polo, que surja o narcisismo primário da criança, enquanto no outro polo se restabelece o narcisismo materno, mantendo ao mesmo tempo uma corrente contínua de investidas que continua reunindo diretamente a criança e sua mãe, mas agora de forma intermitente. Esse é o significado que Green dá à ideia da perda do objeto, e é esta perda que pode ser compensada, ou não, com o advento deste outro objeto: o pai.

A tripolarização das relações é então de fundamental importância: a descoberta do segundo objeto e a possibilidade de deslocamento. Seu resultado não será apenas a consciência de que a criança não é o único objeto da mãe, nem a mãe seu único objeto, mas a perturbadora notícia de que um vínculo mais ou menos oculto liga a mãe ao pai – ou a mãe a um objeto que não seja a criança. Green (2017) diz:

> *É um laço escuro e escondido que faz a união carnal de mãe e filho durante a relação de fusão viver retrospectivamente como um paraíso perdido, agora ocupado por outros, já que o pai seria aquele que substituiria o filho quando a mãe está ausente. (p. 7 da tradução)*

É aqui que devemos situar, para Green, o fantasma da cena primária. Se a separação da criança da mãe foi uma ferida narcisista que pôs fim à onipotência, o fantasma da cena primária é um ataque ainda mais grave ao narcisismo, pois introduz a noção de um terceiro ferido: a criança excluída dessa relação que é temida e desejada.

Se, com André Green, entendemos que nas estruturas não neuróticas, a divisão e o desinvestimento predominam como mecanismos defensivos de primeira linha; que as expulsões ao soma ou ao ato geram verdadeiros curtos-circuitos psíquicos, com a consequente cegueira para o sujeito; que temos um narcisismo ferido que traz essa cicatriz como testemunho das dificuldades em sua constituição; e se pensamos que as ansiedades fundamentais têm a ver com abandono e intrusão, de que configuração edípica podemos falar?

Para Green (1974) as relações que esses sujeitos nos mostram, ao contrário da ideia comum, não são duais, mas permanecem triangulares, com mãe e pai representados na estrutura edipiana. No entanto, diz Green, o que diferencia profundamente esses dois objetos não são as distinções do seu sexo ou das suas funções. A diferenciação é entre bom e mau, por um lado, e não existência – ou perda – e presença dominante, por outro. Assim estaríamos na presença do bom como sempre indisponível, fora do alcance ou nunca presente de forma suficientemente durável; e do mau como uma presença eternamente invasora que só desaparece no espaço de algumas breves respirações. Green diz que estamos tratando então de uma triangulação baseada numa relação entre o sujeito e dois objetos simetricamente opostos que são apenas um: ou seja, estamos tratando aqui de uma bitriangulação.

As consequências disso são graves e recaem – como na sexualidade – sobre a formação e o desenvolvimento do pensamento. Com um objeto intrusivo, mau, sempre presente e nunca ausente, é impossível constituir uma ausência, e tal objeto não pode ser pensado, representado. Por outro lado, o objeto inacessível nunca pode ser trazido para o espaço pessoal de uma forma duradoura, permanece idealizado, distante e, portanto, não pode ser formado na modalidade de uma presença imaginária ou metafórica. É assim que a possibilidade de representação é posta em questão, e com ela, a capacidade de estabelecer causalidade psíquica, a base do nosso trabalho como analistas.

Antes de terminar, outro sonho...

Elena, uma paciente bissexual, me diz:

No sonho eu estava com meus pais na praia, na beira de um penhasco. Havia grandes ondas, o mar estava agitado. Algo precioso meu estava caindo no mar, e meu pai não me deixava ir procurá-lo, ele me disse que era perigoso. Vi dois mergulhadores no mar e pedi à mulher para salvar o que eu tinha perdido. O homem não a deixa, porque ele diz que o mar é perigoso. Por mais que eu tente, não consigo recuperar o que perdi. Foi quando acordei, angustiada, muito angustiada.

Em conclusão, parece-me claro que nem o complexo de Édipo nem a centralidade da psicossexualidade podem ser renunciados como ferramentas para o trabalho de pensar e ouvir na clínica com pacientes não neuróticos. Antes de Édipo, não há vida psíquica, nem é possível sustentar a possibilidade de manifestações psíquicas completamente dessexualizadas. Seguindo Green, penso que a psicossexualidade está presente desde o início da vida do sujeito, embora de uma forma diferente, ou não se expressando diretamente ou por meio dos canais mais usuais. Na minha opinião, a conceitualização de Green do complexo de Édipo permite-nos reavaliar o lugar do outro do objeto primário, abrindo a possibilidade de este lugar não estar ligado à figura concreta de um pai específico.

Contudo, pensar dessa forma obriga-nos a ter em mente o Édipo como uma estrutura sempre complexa, com um caminho negativo e positivo que deve ser articulado e permanentemente colocado em tensão ao compreender cada quadro e a sua apresentação aberta. É assim um triângulo aberto e complexo, que nunca poderá ser completamente enterrado, e que em pacientes não neuróticos aparecerá fechado, bitriangulado e dividido, evitando, assim, como diz o poeta chileno Enrique Lihn, que a palavra se ajuste ao abismo, que surja um pouco de inteligência escura e, nessa luz, que os monstros sejam executados.

Referências

Freud, S. (1918). *De la historia de una neurosis infantil y otras obras* (Vol.17, p. 299). (José L. Etcheverry, trad.) Amorrortu, 1988.

Green, A. (1974). O analista, simbolização e ausência no quadro analítico. In *De Locuras Privadas* (pp. 48-87). Amorrortu Editores. 1994.

Green, A. (1981). *Oedipe, Freud el nous.* Em la deliason: psichanalyse, Anthropologie, Litterature. Belles Lettres, 1992. (Tradução livre).

Green, A. (1996). A sexualidade tem alguma relação com a psicanálise? *Revista de Psicoanálisis APdeBA*, *XXII*(3), 2000.

Green, A. (2017). *Sexualidade em estruturas não neuróticas, ontem e hoje.* Na clínica psicanalítica contemporânea (pp. 226-248). Amorrortu Editores.

2. Celeste, e um corpo marcado pela ambiguidade[1]

María Laura Dargenton
Pablo Silvetti

> *E o que acontece com a materialidade dos corpos?*
> *... Problematizar a matéria dos corpos pode implicar numa perda inicial da certeza epistemológica, e essa perda bem pode indicar uma mudança significativa e promissória, sendo compreendida como uma maneira de abrir novas possibilidades, de fazer com que os corpos importem de outro modo*
> *Corpos que importam*
> Judith Butler

O que posso te contar sobre mim...? – assim começou Celeste.

E continuou:

Quando nasci, nasci com uma malformação, uma ambiguidade sexual, desde pequena me realizaram cirurgias, várias, vaginoplastia acredito que se chama, a última foi aos 15 anos de idade... também preciso tomar remédios para menstruar, mas nem sempre os tomo porque são muito caros. Meus traços não são nem totalmente de mulher, nem totalmente de homem.

---

1 Tradução: Ana Casarin.

Nascer, tremendo momento, o primeiro ato de arremesso, o primeiro desprendimento, o primeiro abandono de um território anterior, e ali a carne cujo grito aponta para este registro. Carne que logo será corpo. A qual nascer se refere? Ao do ser feito carne naquele primeiro tempo, ou ao nascimento do sujeito? Operações em seu corpo, simbólicas, imaginárias e reais, começaram a acontecer.

Ao nascer, o bebê é designado como menino ou menina a partir da observação de seus genitais. A simplicidade desse ato pressupõe a morna tranquilidade de uma lógica binária masculino/feminino, e desaparece quando, ao se observar sua formação, já não é tão simples nem tão evidente. Assim, a intertextualidade, desde esse momento, pressupõe para a medicina uma particular complexidade: decidir se promove ou não uma intervenção médica para definir um sexo biológico.

A primeira intervenção cirúrgica de Celeste foi com 1 ano e dois meses de vida: "gonadectomia e plástica da hipertrofia do clitóris, por apresentar detenção da diferenciação de seus genitais", segundo documentado em sua história clínica médica...

Nessas decisões médicas de caráter preventivo, inclui-se algo mais? Que ordenamento se pensa saudável, e para quem? Em que medida o sesgo normalizante é inerente aos sujeitos que realizam a intervenção ou à epistemologia subjacente e própria de uma época?

Como psicanalistas, sabemos que não é a biologia, ainda que ela não nos seja indiferente, a que define o sexo da espécie humana, será uma teia, uma complexa rede, que vai se construindo e que permite a emergência de um sujeito também sexuado.

Inclusive, e mais ainda no *infans* (aquele que ainda não fala) será com e mediante a linguagem, a do reconhecimento vindo do Outro, do seu olhar, de suas vivências e seu desejo, o que irá embrulhando o filhote humano no tecido de sua constituição subjetiva, e com ela nos meandros da pulsão sexual.

Continua Celeste:

Minha família é gente que vai e vem, não se definem. Moramos aqui, mas somos de outra província... Onde estamos agora, moramos amontoados, estamos reformando, tem cômodos que não têm parede ou que estão sem terminar. Eu durmo no que seria a sala de jantar, separada por um armário, eu estou que nem a música "indo da cama para a sala"... assim é a minha casa. Ah! Sou de uma igreja, bom... somos, principalmente minha família, eu estou um pouco em crise com relação a isso, com a igreja, com algumas questões...".

Família, primeiro lugar de chegada. Celeste a nomeia como "gente que vai e vem, não se definem". Em meio ao estado que ela define como crise, também aparece esse transcorrer de seu viver, um ir e vir entre um encontro íntimo e o encontro com um outro, "indo da cama para a sala" num caminho a meio fazer, com bordas como as paredes que descreve: sem terminar. A cama e a sala, dois espaços diferentes. Intimidade sexual, modos de gozar, o pulsional, e a sala, conviver com os outros, onde a presença e a identidade se define com um nome próprio, o de cada um.

Parece que há várias paredes, quiçá bordas que Celeste descreve "sem terminar". Sabemos que as linhas são traços que definem um espaço, que bordeiam o vazio, deixando limitada uma área, também no corpo. Sabemos que são necessárias.

Continua Celeste:

Tenho uma amiga e um amigo que são namorados, com ela foi a única pessoa com quem tive uma experiência sexual... eu fico com raiva, ela é a fim de mim e o namorado dela acha que sou a fim dele... Não me considero lésbica, simplesmente foi algo que aconteceu, mas se uma mulher se apaixonar por mim, não diria que não nem a pau! O que eu busco é alguém que me ame, que me ame e que eu não o tenha que pedir.

Amor e sexualidade, pares que nem sempre vão de mãos dadas, pares ímpares, estes cujo laço, se os têm, muitas vezes não está visível.

Configuram um território, uma primeira terra, lama incômoda que habitamos e que nos habita e que chamamos de corpo.

A típica ambiguidade do viver sexual adolescente parece estar presente em seu relato. Também a constante dúvida sobre o desejo amoroso e sexual do outro em relação a ela: "*Vai me querer? O que quer de mim?*"

E o que dizer da duvidosa fixação do próprio desejar, de ir e vir como um movimento que simplesmente é, acontece? Demonstra assim a consistência do desejo, força e causa de constantes movimentos.

Algo sobre a sua história:

Quando era adolescente, mais nova, me vestia de "hardcore", assim com roupas largas, como um menino, se quiser te mostro...

Com trejeitos adolescentes, mostra ao analista uma foto em seu celular. Mas o que está mostrando? Para que?... Mostra que foi menina, mas que quer ou pode ser menino?

O faz buscando um gesto, um olhar do outro para ela? Um olhar de espanto ou um olhar de estímulo e apoio?

O que mostra aquela imagem que as palavras não são suficientes para dizer, para pegar em termos linguísticos?

Sim, às vezes as palavras não alcançam, o silêncio se impõe, as imagens falam ou, em seu silêncio, mostram algo que, senão, se perde. Por isso, importa o olhar, um olhar que acolha, com alguma hospitalidade, a quem pede ajuda, como pode e com aquilo que tem na mão, inclusive o celular.

Nas sessões, Celeste começa a utilizar a linguagem inclusiva referindo-se a outros como "outres", ou a si mesma como "quando era menine..."

O analista sente dificuldade para se acostumar e, ao mesmo tempo, cada vez mais vai se sentindo incomodado ao se referir a ela como mulher, também como homem.

Custa sentir como nomeá-la. Por momentos, parece escapar a toda tentativa de classificação, aquela que nós analistas costumamos buscar para localizar, com urgência, aquilo que se escapa, que se nos perde, deixando-nos perplexos de assombro e sem um saber que o capture.

Celeste diz:

Conheço o movimento intersex, mas não diria que me identifico com a "I" (se referindo à sigla LGBTQIAPN+)[2].

O desejo de se encontrar em uma identidade, ou seja, quem é e como se nomear, está presente. Os coletivos sociais, como grupos que representam o que se põe em evidência cada vez mais claramente em nossa sociedade, podem ser espaços que a acolham. Ela os escolhe. Porém, lá, continua sendo outro que lhe dá uma certa letra ao seu sentir. Ela precisa escrever seu próprio desejar, e é na análise que se abre essa possibilidade.

Na igreja que frequento, e minha família também, os homens têm um lugar privilegiado...

A igreja, como toda instituição, é também um âmbito que constitui, significa, dispõe de uma série de leis, rituais e âmbitos próprios, com uma lógica própria, a lógica religiosa, cujas ideias e ideais marcam um caminho e estabelecem certos sentidos oferecendo significâncias para todos ou quase todos os atos da vida, inclusive a morte.

Faz silêncio e relembra:

Minha mãe queria que eu fosse menino, porque as bebês meninas morriam, perdeu outras gestações antes de mim e de meus irmãos...

Saber que a morte como destino inexorável e inevitável da nossa singular humanidade é a margem que bordeia a vida, quer dizer, saber a finitude que nos acontece, de nenhuma maneira evita que ela, a morte, ou melhor, seus representantes nessa terra dos vivos, cause e movimente os mais profundos e obscuros temores e desejos de cada

---

2 Sigla que abrange pessoas que são Lésbicas, Gays, Bi, Trans, Queer/Questionando, Intersexo, Assexuais/Arromânticas/Agênero, Pan/Poli, Não binárias e mais.

um. "As bebês meninas morriam", o feminino já fraco e frágil apenas por sê-lo, já ali uma ideia de que só sendo homem é possível viver.

Era desejada menino, mas agora é menina, a "menina que pôde sobreviver" e "tem que fazer de tudo" para que continue sendo isso: "menina" e "sobrevivente". O que acontece com o desejo parental quando aquilo que se fecunda passa pela possibilidade de uma morte supostamente predeterminada pela diferença de gênero, ao oferecimento de um novo corpo: "vivo" e "ambíguo"?

Se a lógica simbólica se apresenta como binária, como simbolizar amorosamente o indefinido, o inter, o trans? Como inscrever semelhanças e diferenças? O que acontece com o dizer dos pais quando a discursividade do Outro médico, religioso e inclusive jurídico sentenciam o que será melhor para o futuro desse corpo? E nessa decisão, formula e estabelece também os corpos que importam e, portanto, também os excluídos, os exilados, os abjetos.

Um corpo e uma subjetividade marcados pela ambiguidade: me quer menina, me quer menino, me quer menine, me quer trans? A possibilidade de subjetivação e a possibilidade concreta de se sentir amada como criança estará além da ambiguidade? Ou aquém de uma identidade supostamente "bem definida", e efeito de uma dinâmica heteronormativa?

Se escuta no relato de Celeste uma profunda angústia que flutua e não somente se refere à sensação de incompletude e inadequação em relação ao seu corpo, mas também como posição subjetiva por intermédio de seus laços. Portanto, o conflito não seria somente com o próprio corpo, senão pela forma em que o real do corpo é simbolizado (ou não) pelo discurso do Outro.

A intersexualidade na história de Celeste está não só na materialidade de seu corpo físico, mas na sua constituição subjetiva, em sua definição atual, em seu devir atual... ela é, não somente pelas suas marcas corporais, mas pela possibilidade de se constituir performativamente em sujeito desejante e singular.

A ética da psicanálise pressupõe e coloca no centro patagônico da nossa praxe a singularidade do um por um, essa singularidade que pela sua essência a diferencia, quer dizer que define que cada um seja um sujeito único e irrepetível, diferente e, portanto, com direito a ser escutado como tal. A singularidade é diferença, e a diferença é ineludível. Por isso, a especificidade da experiência de cada um garante sua autenticidade e seu valor político.

Será uma escuta atenta e despida de moralismos solapados em pressupostos teóricos é o que habilite um genuíno espaço analítico, no qual somente a angústia daquele que nos convoca, enlaçada às produções do inconsciente, sejam a guia e marquem uma direção.

Porque acreditamos que pode haver uma complexa e íntima conexão entre o que nós, psicanalistas, chamamos, de Sujeito do Inconsciente e Sujeito de Direitos, é que acrescentamos aqui que:

> *Ao longo de mais de vinte anos de existência, o ativismo político intersex tem desenvolvido uma intensa atividade, partindo de uma principal demanda: a cessação de todo tratamento medicamente desnecessário e não consentido pessoalmente, destinado a "normalizar" o corpo sexuado de infantes, crianças, e adolescentes intersex. A esta demanda se acrescentam outras, incluindo o direito à verdade, à informação e o acompanhamento, à saúde integral, ao acesso a mudanças registrais, dentro outros... (Jiménez Mata & Fallas Moras, s.f. p. 11)*

Mauro Cabral Grispan (2019), doutor em História pela Universidade Nacional de Córdoba (Argentina) e ativista pelos direitos das pessoas intersex e trans, afirma:

> *As pessoas intersex somos as que nascemos com características sexuais que são distintas às médias. Isso quer dizer que nossos cromossomas, nossas gônadas e nossos genitais*

> *(dentre outras características) podem variar em maior ou menor medida em relação às do resto...*
>
> *As pessoas intersex não têm nem "os dois gêneros" nem "o terceiro gênero", nem tampouco carecemos de gênero por sermos intersex.*
>
> *Não estamos obrigadas a nos identificarmos de maneira alguma somente por sermos intersex.*
>
> *Existem pessoas intersex que se identificam como homens, como mulheres, como trans, como travestis, como não binárias, como dissidentes, como agênero, como seja que lhes pareça, goste e/ou convenha.*
>
> *Nenhuma dessas identidades nos deve ser imposta, sequer a de ser intersex.*
>
> *Por exemplo: eu sou um cara que nasceu com um corpo desses que, no geral, têm vagina. O meu nasceu sem vagina. Não sou um plano de luta, nem um marco teórico, nem um panfleto. Sou um cara.*

Celeste se nomeia e nomeia o corpo desde o início. O analista a nomeia para esse escrito com um significante, cor que tenta mostrar e dizer o indizível, aquilo que percebe e escuta claramente: um sentir ambíguo, a indefinição, certa ansiedade por definir? Possivelmente. Talvez uma cor possa ser um traço que bordeie a ambiguidade.

Do que se trata essa indefinição? Não sabemos. Celeste é quem o definirá.

Referências e leitura sugerida

Butler, J. (2010). Identificación fantasmática y la asunción del sexo. In *Cuerpos que importan*. Sobre los límites materiales y discursivos del "sexo". Editorial Paidós.

Cabral Grispan, M. (2019). *Justicia Intersex*. Facebook. Consultado el 21 de setiembre de 2019, de https://www.facebook.com/justiciaintersex

Freud, S. (1993). Tres ensayos de teoría sexual. Punto II La sexualidad infantil. In *Obras Completas* (Tomo VII, 5th reimpresión). Amorrortu Editores.

Glocer Fiorini, L. (2015). La diferencia sexual y la lógica de la complejidad. In *La diferencia sexual en debate*. Cuerpos, deseos y ficciones. Lugar Editorial.

Jiménez Mata, N., & Fallas Moras, H. (s.f.). Lesbitgay. *Revista Latinoamericana y del Caribe de Diversidad Sexual, Edición Especial*, Segunda Parte. http://www.mulabilatino.org/publicaciones/lesbitgay%20intersex%20segunda%20parte.pdf

Laplanche, J. (2006). El género, el sexo, lo sexual. *Alter Revista de Psicoanálisis, investigaciones, traducciones,* (2). https://revista-alter.bthemattic.com/files/2014/11/2.El-g%C3%A9nero-el-sexo-lo--sexual-v.-ALTER.pdf

Pelegri, M. (2020). Clínica de la transexualidad en la infancia. In *GT Infancias. De la perversión polimorfa al género fluido*. Forum Psicoanalític Tarragona.

Principios de Yogyakarta. Sobre la aplicación de la legislación internacional de derechos humanos en relación con la orientación sexual y la identidad de género. Principio 18. Protección contra abusos médicos. https://yogyakartaprinciples.org/principles-sp/

Reitter, J. (2019). El enredo originario. De cómo el psicoanálisis no pudo escapar a la heteronorma. In *Edipo Gay: Heteronormatividad y Psicoanálisis*. Letra Viva Editorial.

Tajer, D. (2020). Género y diversidad en la teoría y en la clínica psicoanalítica. In *Psicoanálisis para Todxs. Por una clínica pospatriarcal, posheteronormativa y poscolonial*. Editorial Topía.

3. Conversando sobre os caminhos das psicossexualidades

Juliana Picado Alvares Ribeiro dos Santos

Os belos livros são escritos em uma espécie de língua estrangeira.
Sob cada palavra cada um coloca seu sentido ou, ao menos, sua imagem que, no mais das vezes, é um contrassenso. Nos belos livros, porém, todos os contrassensos são belos. É a boa maneira de ler: todos os contrassensos são bons, com a condição, todavia, de não consistirem em interpretações, mas concernirem ao uso do livro, de multiplicarem seu uso, de criarem ainda uma língua no interior de sua língua.
Marcel Proust, escritor francês, 1871-1922

A função da psicanálise (Freud, 1910) não é solucionar questões de ordem sexual, e sim, desvendar os mecanismos psíquicos que resultaram na eleição do objeto e traçar o caminho que vai desses mecanismos à disposições originais instintuais. Inicio lembrando o que pontuamos no objetivo dessa Jornada e convido todas, todes[1] e todos a me acompanharem por alguns caminhos buscando uma psicanálise

1 Linguagem inclusiva, não formalizada nas normas gramaticais e APA.

aberta e porosa a esse processo de transformação permanente que vivemos, culturalmente e emocionalmente.

Na atualidade, ao nascer, levando em conta o biológico, somos definidos indivíduos do sexo feminino ou do sexo masculino. Atualmente, países como Alemanha, Austrália, Paquistão, Canadá, entre outros, possibilitam registrar, na certidão de nascimento, além do binário, sexo neutro e intersexual.

Não tem apenas um jeito de ser mulher, ser homem, ser trans… esse é um processo que nos torna o que somos.

"Uma pessoa ser de certo gênero não implica em ter um determinado comportamento, mas sim desenvolver a sua natureza, a sua subjetividade" (Picado, 2020).

Vocês acham possível fixar e restringir a sexualidade utilizando uma lógica binária: feminino e masculino?

O psicanalista Eduardo de São Thiago Martins (2021, pp. 33-50) diz

> *que uma revisão de paradigma do conceito de diferença sexual acaba por elevar o conceito para além da diferença do(s) sexo(s). Não se trata de achatar, mas ao contrário, de sexualizar a diferença para além do sistema binário, para além da noção de identidade ou de essencialismo de gênero (a verdadeira mulher, o verdadeiro homem), marcando o caráter político de qualquer paradigma e revelando o potencial diverso transmorfo do Sujeito, a favor da mais radical diferença sexual.*

Ao participar de alguns eventos, em especial sobre o tema sexualidades, há algum tempo me atinei observando as fichas de inscrição. No campo para denominarmos o sexo ou expressão de tratamento, em todas constavam duas opções apenas: feminino ou masculino, Dr. ou Dra., Sr. ou Sra.… Assim como não tinha espaço para nome social, no caso de transgêneros, por exemplo, que, por algum motivo, não modificaram o seu nome no cartório. Acredito que devemos pensar sobre isso. Afinal, apresentamos trabalhos, ficamos horas, dias, conversando a respeito e o "funcionamento padrão" segue o mesmo, sem atualização.

Penso que não é possível considerar uma ideologia heteronormativa e o determinismo "natural" – é necessário ir além do sistema binário e desconstruir formas rígidas para então podermos desenvolver os estudos e respeitar as diversidades. Afinal, não é necessário ter vagina para ser mulher.

A sexualidade em Freud é antes psicossexualidade, resultante de múltiplos e complexos fatores, intrinsecamente ligada à construção da subjetividade e que vai sendo construída desde o início da vida pelo interjogo das forças pulsionais de vida e de morte na interação com as pessoas significativas do entorno familiar. Sabemos que a sexualidade é polimorfa (Freud, 1905).

O gênero vem antes do sexo, ele é plural. Atualmente, há inúmeras denominações. É nessa multiplicidade de gêneros que cada um vai se reconhecendo em sua singularidade, na sua identidade de gênero, que é uma experiência interna de cada pessoa que pode ou não corresponder ao sexo atribuído no nascimento, o biológico.

Butler (2006) ressalta que o gênero é o mecanismo pelo qual as noções de masculino e feminino são produzidas e naturalizadas, mas ele poderia ser muito bem o dispositivo pelo qual estes termos são desconstruídos e desnaturalizados.

Contextualizando historicamente, a distinção entre sexo e gênero surgiu em 1955 do estudo do interssexual (à época denominado hermafrodita), por John William Money e seus colaboradores. Após treze anos, Robert Stoller cunhou o termo Identidade nuclear de gênero ou Núcleo de identidade de gênero (1968) colocando dentro da teoria psicanalítica a questão de gênero. Enfatizou os papéis, feminino e masculino, o que a sociedade esperava da mulher e do homem e apresentou o sexo como a anatomia e gênero como o conjunto das convicções que a sociedade tem sobre o que é feminino ou masculino.

Segundo Laplanche (2003), o gênero vem antes da consciência do sexo.

O autor comenta que, ao nascer, o bebê já vem impregnado pelo que Laplanche chama de *socius,* isto é, todo o meio mais próximo do bebê: mãe, pai, irmãos, avós, babá, e também a cultura pela qual essas pessoas (*socius*) foram impregnadas. Assim, a criança nasce dentro do meio ambiente da cultura de sua época e de cada uma dessas experiências, que ela vai receber (transcultural e transgeracional). O bebê receberá mensagens por meio dos cuidados, conforme é tocado na limpeza, isso estimula, vai excitando zonas do corpo, como dizia Freud (zonas erógenas), mas isto tudo está impregnado do inconsciente dos pais, das fantasias dos pais. Sabemos que, antes mesmo da criança nascer os pais já têm fantasias sobre os filhos: que filhos gostariam de ter, de como seriam… os filhos sonhados. Também entram as questões transgeracionais, questões familiares, que as pessoas trazem consigo.

Laplanche (2003) denomina essas mensagens como *mensagens enigmáticas*, que

> *o bebê recebe, irá absorver e decodificar/traduzir conforme vai sentindo; não é simplesmente uma determinação, porque entram em jogo as aptidões que a criança terá para traduzir essas mensagens. É sempre uma via de mão dupla, pois a criança as traduz de acordo com as suas possibilidades e assim, vai formando sua subjetividade. (Picado, 2020)*

No trabalho apresentado no XII Diálogo Latino-Americano do Comitê de Mulheres e Psicanálise (COWAP), realizado na Sociedade Brasileira de Psicanálise de São Paulo (SBPSP), Glocer Fiorini (2017) ressalta a importante diferenciação que deve ser feita entre os enunciados: "Eu sou" e "Eu desejo", embora possam ocorrer superposições, e acrescenta que "Eu sou" remete ao plano das identificações (transexualidade), enquanto "Eu desejo" se reporta ao desejo (heterossexualidade), uma eleição de objeto mais do que de identidade de gênero.

A orientação sexual, ou melhor, a condição sexual – conforme alguns grupos LGBTQIAPN+[2] preferem, buscando afastar a ideia de que são orientados conscientemente – é referente aos nossos desejos afetivo-sexuais, que podem ser voltados para indivíduos de qualquer gênero.

Alvares Picado (2019) comenta que "o essencial da sexualidade humana está na dimensão inconsciente, não tem formas fixas, nem predeterminadas, é psíquica".

Comento a história de uma jornada de resiliência de um homem trans – que se tornou símbolo da liberdade de gênero no Brasil. João W. Nery (1950-2018), em 1977, foi o primeiro homem trans a realizar uma cirurgia de redesignação sexual no país. E diz: "Eu não conhecia ninguém igual a mim. Não era hétero, não era homo, era trans. Mas o que é ser trans? Eu não sabia. Eu só era diferente. Precisava me reinventar", escreveu em seu livro intitulado *Viagem solitária* (2011).

Apesar do título, essa biografia é vivida com dor e com coragem, em que João compartilha sua experiência singular em busca de uma vida menos solitária para aqueles que não se enquadram entre as maiorias. Uma história de incompreensão, autoafirmação e generosidade de um homem que dizia ter nascido preso a um corpo de mulher e, contra tudo e todos, se tornou marido, pai, escritor e ativista pelos direitos LGBTQIAPN+ no Brasil. Lembro que essa é a versão atualizada dessa sigla e penso que ocorrerá modificações a medida que os estudos de gênero e sexualidade se aprofundem cada vez mais.

---

2 Sigla que abrange pessoas que são Lésbicas, Gays, Bissexuais, Travestis/Transexuais/Transgêneros, Queer/Questionando, Intersexuais, Assexuais/Arromânticas/Agênero, Pansexuais/Poli, Não binárias e o + (mais/plus) utilizado para simbolizar outras orientações sexuais, identidades e expressões de gênero que não se encaixam no padrão cis heteronormativo e não estão representadas nas letras anteriores.

Para driblar uma lei que lhe negava o direito de ser ele mesmo, João Nery renunciou a muitas coisas, inclusive a carreira de psicólogo e professor universitário quando, adotando uma identidade falsa, decidiu lutar para poder ser aceito e respeitado como homem. Assim, com essa identidade falsa, era tido como analfabeto, pois não tinha nenhum histórico escolar, e foi trabalhar de pedreiro, entre outras funções.

Essa autobiografia é uma leitura sensível e comovente para todos aqueles que prezam pela liberdade e a diversidade, parte da essência da natureza humana.

Há uma lei com o seu nome, Lei João W. Nery, Lei de Identidade de Gênero, de 2013, composta de 14 artigos, que visa garantir o reconhecimento do direito à diversidade de gênero e, com isso, tornar a retificação de nome e sexo um processo simples, humanizado e despatologizado. O referido Projeto de Lei (PL) n. 5.002/2013, foi inspirado na Lei de Identidade de Gênero da Argentina, esta já consolidada e referência mundial no que tange à diversidade.

"O mais próximo de mim sou eu mesmo"
Terêncio (185-159 a.C.).

No tema diversidades sexuais encontramos diferentes teorias psicanalíticas, alguns estudiosos interpretam todos os transgêneros como atuação, por exemplo. Tenho um outro olhar, pois além de pensar na singularidade, nos casos que entendo como atuação há uma repetição contínua e, então, torna-se.

Martins (2021, pp.33-50) ressalta:

> *Não que o gesto performático crie uma nova realidade imediatamente, como num ato solene; trata-se de um processo de repetições e reiterações, através do qual as construções sócio simbólicas acabam se naturalizando e*

> *chegam ao: "É assim, sempre foi assim... natural". O Natural, então, seria um precipitado de discursos.*

No consultório, encontro alguns transgêneros que se expressam constantemente com frases como:

— "*sou um ser não ser*";

— "*em um grupo me tratam de um jeito, em outro grupo de outro, mas ninguém me enxerga, ninguém me pergunta como gostaria de ser tratado*";

— "*não sei o quê é isso que sou*".

Penso que essas falas precisam ser pensadas em sua historicidade: de onde vêm? É necessário aprofundar a escuta procurando evitar conceitos redutores e/ou totalizantes. Sinto que são falas carregadas de profundo sofrimento, expressas pela dor do vazio de não se identificar ao discurso normativo e possuem uma espécie de propensão a pensar os gêneros de diversos ângulos. "O indivíduo transgênero reconhece os gêneros na medida em que seu ideal é ir além deles" (Glocer Fiorini, 2017, p. 89).

A clínica é soberana. As pessoas que procuram atendimento psicanalítico estão em busca de alívio ao sofrimento psíquico. Penso que, ao analista, é necessário conter suas angústias, caminhando com o analisando na direção do desenvolvimento do pensamento, pois não há um percurso determinado e, muito menos, uma resposta certa e pronta.

Segundo McDougall (1997), a busca de amor e satisfação eróticas produz múltiplos conflitos psíquicos, que surgem como resultado do choque entre o mundo interno e pulsões de vida e de morte e as forças repressoras do mundo externo e interno, e que, por conta desses conflitos, a sexualidade humana é inerentemente traumática e força o ser humano a um eterno questionamento e a uma busca de soluções.

Lembrando o início do texto, a epígrafe de Proust, acredito que uma boa maneira de ler/traduzir as histórias que escrevemos e acompanhamos é assumirmos os contrassensos, os sensos, *no sense* que há na vida.

Encerro com um trecho da canção de Milton Nascimento, *Caçador de Mim*. Penso que antes de mais nada precisamos ser caçadores (e pensadores, claro!) da nossa melhor versão.

Caçador de Mim
Por tanto amor, por tanta emoção
A vida me fez assim
Doce ou atroz, manso ou feroz
Eu, caçador de mim. . .

Nada a temer
Senão o correr da luta. . .
Abrir o peito à força
Numa procura. . .

Longe se vai sonhando demais
Mas onde se chega assim
Vou descobrir o que me faz sentir
Eu, caçador de mim

Referências e leitura sugerida

Alvares Picado, J. (2019). *Cenas de um tempo*: olhares sobre a identidade. In XXVII Congresso Brasileiro de Psicanálise. Trabalho não publicado.

Butler, J. (1990). *Problemas de gênero*: feminismo e subversão da identidade. Civilização Brasileira.

Butler, J. (2006). *Défaire le Genre*. Éditions Amsterdam.

Freud, S. (1905). Os três ensaios sobre a teoria da sexualidade. In *Obras completas* (Vol. VII, pp. 117-232). Imago, 1996.

Freud, S. (1910). Cinco lições de psicanálise. In *Obras completas* (Vol. XI, pp. 15-72). Imago, 1996.

Glocer Fiorini, L. (2017). Novas configurações familiares: funções materna e paterna. In C. Sé Holovko & C. Maria Cortezzi (Orgs.), *Sexualidades e gênero*: desafios da psicanálise (pp. 81-92). Blucher.

Laplanche, J. (2003). O gênero, o sexo e o sexual. In *Sexual*: a sexualidade ampliada no sentido freudiano 2000-2006 (pp. 154-189). Dublinense, 2015.

Martins, E. S. T. (2021). Diverso, transtorno: o sexo que não é. *Jornal de Psicanálise*, 54(100), 33-50.

McDougall, J. (1997). *As múltiplas faces de Eros*. Uma exploração psicoanalítica da sexualidade humana. Martins Fontes.

Nery, J. W. (2011). *Viagem solitária*. Leya.

Picado, J. (2020). *Além da lógica binária: diversidades sexual*. In Palestra Quintas Psicanalíticas, do Instituto de Ensino Horizontes. Trabalho não publicado.

Sá, L. C., & Magrão, S. (Comp.) (1981). Caçador de mim. In M. Nascimento (Int.). *Caçador de mim*. Disco vinil, lado B, faixa 1. Ariola.

Stoller, R. J. (1968). *Sex and gender: the development of masculinity and femininity*. Karnac Books, 1984.

Parte II

Psicossexualidades: infância e adolescência

4. Pensando a bissexualidade na puberdade e na adolescência feminina: uma clínica em transição[1]

Ema Ponce de León

Introdução

Proponho refletir sobre a sexualidade de adolescentes e púberes do sexo feminino, que frequentemente se apresentam na consulta dizendo que são bissexuais. Embora as moções sexuais dirigidas a ambos os sexos não sejam algo novo nessa idade, as mudanças culturais trazem a bissexualidade como tema explícito e com novas expressões nas relações entre adolescentes.

Isso me levou a fazer várias perguntas que motivam este texto: quais seriam as diferenças entre essas adolescentes e aquelas que víamos em nossos consultórios alguns anos atrás? As situações mudam? Ou a

1 Tradução: Daniel Camparo Ávila.

mudança é uma maior visibilidade? As teorias que temos permitem compreender a clínica atual? Quais aspectos permanecem válidos e quais são questionados? Que peso relativo têm os processos psíquicos individuais e os fenômenos culturais nas mudanças observadas na clínica?

Para tentar respondê-las, iniciarei com uma revisão – não exaustiva – das teorias psicanalíticas clássicas, nas quais se destaca o conceito de bissexualidade psíquica, muito caro à psicanálise, bem como alguns aspectos da trajetória psicossexual de meninas e mulheres na puberdade e adolescência.

Ao mesmo tempo, nesse percurso, constatei que a psicanálise, assim como os estudos sobre a sexualidade em geral, não têm levado em consideração a bissexualidade como orientação sexual em paridade com a homossexualidade e a heterossexualidade. Alguns autores e ativistas começaram a reivindicar que ela fosse considerada como tal, a partir da década de 1970. A tripartição – hétero, homo e bi – foi integrada no Manual CID-10 e por Kernberg em 2001.

Em seguida, apresentarei algumas vinhetas que ilustram diferentes apresentações clínicas de adolescentes que se autodenominam bissexuais. Quero apontar as limitações que se supõem da elaboração deste texto:

- As da minha experiência clínica, que, como a de cada analista, é limitada e restrita a um determinado ambiente sociocultural.
- As das teorias psicanalíticas disponíveis.
- Aquelas advindas de uma perspectiva temporal insuficiente para processar as mudanças socioculturais relativamente recentes no campo da sexualidade, as limitações em conhecer a produção de conhecimento por parte de outras disciplinas, bem como para ter uma observação sistematizada das repercussões na subjetividade e na clínica.

Bissexualidade psíquica e desenvolvimento psicossexual de meninas em psicanálise

O conceito de bissexualidade psíquica universal, que Freud tomou desde cedo de Fliess (1887-1904) e que manteve ao longo de sua obra, sempre nos acompanha. Embora tal ideia se origine na biologia, uma vez que homens e mulheres têm constitucionalmente disposições sexuais masculinas e femininas, Fliess observou que ela não se limitava à homossexualidade e tinha consequências psicológicas. Freud admitiu que, em indivíduos de ambos ossexos, existem impulsos pulsionais masculinos e femininos, os quais podem se tornar inconscientes devido à repressão (Freud, 1905). Laplanche e Pontalis (1977) apontam a dificuldade de Freud em harmonizar a ideia de bissexualidade biológica com outra ideia que ele afirma em sua obra: a prevalência do falo para ambos os sexos.

Ao mesmo tempo, na concepção do Édipo, reconhecem-se identificações cruzadas, que combinam características femininas e masculinas e que levam Freud a reconhecer que "a masculinidade e a feminilidade puras não passam de construções teóricas de conteúdo incerto" (Freud, 1925).

Não apenas a identidade de gênero, mas também os modelos de identificação, começam a operar muito cedo no psiquismo. Pessoalmente, concebo as identificações como um fenômeno complexo, pois o menino e a menina não se identificam em um todo com a figura parental do mesmo sexo, mas também com os aspectos masculinos e femininos do pai e da mãe, influenciando o que cada um transmite sobre o outro sexo. Essa concepção possibilita o jogo identificatório masculino/feminino nos casais homoparentais. Em outras palavras, a bissexualidade psíquica atravessa identificações compostas por múltiplos traços masculinos e femininos, em diversas combinações, embora se estabeleça uma identificação predominante com um dos dois sexos e certa escolha de objeto de amor e atração genital. Assim como a identidade e as identificações de gênero são organizadas na infância, a identidade de gênero e a escolha de objetos se reorganizam na adolescência.

Quanto à concepção do feminino que emerge do Édipo freudiano, hoje se concorda que ela é colorida pela visão falocêntrica típica da época, que não mais se sustenta. Para Freud, a menina passaria por vicissitudes edipianas mais complicadas do que o menino e os caminhos da resolução não levariam a uma sexualidade propriamente feminina.

Um aspecto ainda atual e que Freud enfatizou com a influência de analistas, como Marie Bonaparte e Ruth MacBrunswick, é a maior força do vínculo pré-edipiano com a mãe nas mulheres (Freud, 1931).

Marie Bonaparte (1957) apontou que, na relação da menina com a mãe, há erotismo passivo e depois ativo. Essas modalidades seriam reproduzidas nas formas da homossexualidade feminina, comportando-se ora de forma mais passiva receptiva, ora a partir de uma posição masculina com a mulher amada. Acredito que essas modalidades se alternam nas relações entre meninas púberes.

Na puberdade, a clínica mostra como as ansiedades de separação com a mãe e a ambivalência em relação a ela se intensificam. O pai é inicialmente um terceiro excluído. O desenvolvimento sexual confronta a menina com o reconhecimento de pais sexuados, o que lhe provoca um conflito com a mãe, entre dependência e rivalidade perigosa.

Klein (1964) destacou a reativação do Édipo precoce na puberdade, com ansiedades persecutórias e depois um período de luto. Aberastury e Dornbush (1966) ampliaram o conceito do luto da puberdade: luto pelo corpo, pelos pais da infância e pela perda da fantasia onipotente da bissexualidade.

García Arzeno (1986) aponta que a menina púbere tem medo de que algo aconteça com sua mãe e de perdê-la. Ela então se aferra a ela e começa um luto. Seu conflito é a infidelidade à mãe. Num segundo momento fica desapontada, frustrada e se afasta por ressentimento. Não consegue sublimar totalmente os estados de tensão de origem sexual.

"A aparição da amiga íntima... a livra de cair no amor incestuoso homossexual com a mãe pré-edipiana". Segue-se a fase depressiva em que consegue integrar os pais sexuados unidos e tenta renunciar ao vínculo incestuoso com o pai. Para essa autora, o acesso a uma feminilidade receptiva e genital supõe a perda do aspecto masculino da bissexualidade.

Até aqui, algumas concepções que há muito orientam o trabalho clínico psicanalítico com meninas púberes e adolescentes.

Outras concepções de bissexualidade

A partir de outras disciplinas e perspectivas atuais, Robyn Ochs (Eisner, 2013), uma ativista bissexual, define bissexualidade como o potencial de sentir atração – de forma romântica ou sexual – por pessoas de mais de um sexo ou gênero, não necessariamente ao mesmo tempo, da mesma forma e no mesmo grau.

Ulrich Gooß (2008) afirma que, na literatura científica sobre a sexualidade humana, há basicamente quatro pontos de vista sobre essa questão:

1. O comportamento bissexual é visto como *transitório*, frequente na adolescência e, em sua maioria, não leva a experiências bissexuais subsequentes.
2. É visto como *um fenômeno transicional*, como uma tentativa de integrar a convivência do homossexual e do heterossexual, por exemplo, no processo de reconhecer-se como homossexual.
3. É visto como um *processo defensivo*, que oculta um conflito inconsciente em relação à aceitação do gênero biológico ou da homossexualidade.
4. Por fim, o *reconhecimento de uma orientação bissexual*, no sentido de uma forma específica de diferenciação das fantasias eróticas, de se sentir atraído e atrair homens e mulheres de forma

> bissexual, com flexibilidade para transitar entre uma posição homossexual e heterossexual. Isso seria resultado de um processo de construção individual e social. Os bissexuais têm uma dupla opção que desafia a ordem monossexual estabelecida. Em geral, eles tomam consciência de sua orientação na idade adulta, quando sua experiência de vida assim o indica.

De acordo com esta última perspectiva, é uma questão pendente estudar a bissexualidade como uma orientação da sexualidade não derivada da heterossexualidade ou da homossexualidade. Embora, da perspectiva do ativismo e da dimensão política, o reconhecimento de todas e cada uma das orientações sexuais seja muito importante, outros pontos de vista questionam se a prática erótica e sexual dos sujeitos deva refletir-se em uma definição identitária.

Pensando na clínica atual

Como sugere a variedade de pontos de vista mencionados sobre a bissexualidade, a pergunta sobre se as teorias que temos nos permitem compreender a situação clínica atual nos confronta com um hiato ou um certo vazio. São teorias que surgiram na primeira metade do século XX, em um contexto cultural heteronormativo em que se desenvolveram nossos modos de vida e os dos nossos pacientes. Nesse contexto, essas teorias são operativas, mas, diante de uma clínica em transição, devemos reconhecer que as teorias psicanalíticas estarão inevitavelmente em transição, com tudo o que isso implica. E quanto à sociedade, acredito que o impacto dessas mudanças na subjetividade terá efeitos mais amplos e visíveis quando os adolescentes de hoje alcançarem a parentalidade.

Devemos levar em conta que as vinhetas que apresento são de adolescentes de uma geração que gira entre modelos de família heterossexuais e convencionais, e modelos de diversidade sexual que emergem da cultura atual. Esse modelo intensificou sua visibilidade nas redes, na internet e no cinema. Em geral, os adolescentes possuem e consomem muita informação sobre o assunto.

Em linhas gerais, três tipos de situações são observadas na clínica:

1. A das jovens que, embora se digam bissexuais, mostram uma clara preferência por relacionamentos com pessoas do seu sexo, correspondendo a uma tendência homossexual, que de qualquer forma pode modificar-se nessa idade. Os processos psíquicos subjacentes não parecem muito diferentes daqueles que vimos no passado. O que afeta positivamente a sua livre expressão é a crescente aceitação da homossexualidade e o olhar despatologizante, no momento de assumir ou definir a preferência homossexual. Em geral, há menos pressão social, embora isso dependa de cada situação.

2. Em segundo lugar, encontramos jovens que se dizem bissexuais como sinal de pertencimento ao seu grupo de pares, oferecendo uma imagem menos convencional e de abertura. Dizem que gostam ou são atraídas por ambos os sexos, mas não tiveram nenhuma experiência ou abordagem sexual com meninas. Por vezes, observa-se a crença de que a admiração pela beleza física de outras mulheres equivale ao desejo sexual genital ou a discordância entre o que dizem-fazem-pensa

   Lisete, de 15 anos, inicia a análise após um episódio de abuso sexual por um namorado. Foi muito traumático porque teve um grande impacto e exposição em seu ambiente. O ambiente familiar é excessivamente protetor, mas o relacionamento com os pais é bom. Lisete avança positivamente no trabalho analítico, e nunca faltam garotos por quem ela se sente seduzida, e que se seduzem por ela, com típico comportamento histérico. Ela é muito atraente e inteligente. Recentemente, contou que enquanto estava em um grupo, uma garota queria beijá-la. Na sessão, faz um gesto de muita rejeição enquanto conta o que lhe disse: "*estou ficando com o Joaquim!*" (namorado da vez). Ela então me diz: "*você nunca perguntou a minha orientação sexual*". Digo a ela que sempre a vi empolgada com os meninos. Ela me diz que, na verdade, é bissexual. Pergunto o que isso significa para ela, e ela diz que é a atração sexual por ambos os sexos. Em seguida, começa a criticar o comportamento que observa entre seus pare

Vêm e dizem, você é hétero? E eu digo, não interessa, eu não sou nada, eu existo. Eu amo a cara que eles fazem. Eu odeio rótulos, essa necessidade de rotular o que você é e ter que dizer. Por quê? Você pode mudar. Não estou dizendo que sou bissexual, porque por enquanto estive com garotos, mas não sei o que pode acontecer no futuro, posso mudar. Vejo a necessidade de colocar rótulos por pressão social, usar pronomes não binários porque a sociedade impõe dúvidas. Mas como você não provou o contrário, pode estar errada e usar o rótulo errado. Além disso, as pessoas mostram tanto, que os rótulos produzem rejeição. Tem outros que se dizem bissexuais e se dizem abertos, mas existe uma homofobia que não condiz com o que falam, e dá para ver. Na verdade, eu realmente não conheço bissexuais de verdade.

3. Em terceiro lugar, estão as adolescentes que, além de dizerem gostar de ambos os sexos, têm experiências que envolvem contato físico erótico, embora não necessariamente genital, com uma ou outra garota, muitas vezes consideradas amigas íntimas.

Gimena tem 15 anos. Perdeu a mãe aos 13, após uma longa doença. O primeiro ano de análise foi muito difícil, apresentando-se como uma paciente muito desorganizada e provando a analista de várias formas. Permanecia imersa nas redes durante grande parte do dia, relatava nas sessões questões sexuais que a impactavam e se declarava bissexual, embora quase não tivesse relacionamento com seus pares. Teve uma evolução muito positiva e hoje o trabalho com ela é rico e profundo, confia muito no vínculo analítico e traz situações sexuais de seus pares para explorar os limites com a analista.

Diz que na verdade é *omnissexual* (orientação de quem sente atração emocional, afetiva e/ou romântica por todos os gêneros). Diz que pode se sentir atraída por todos os tipos de pessoas, e está interessada em ter um relacionamento amoroso, mas não sexual, porque tem nojo dos pênis e das chuchas (genitália feminina). Ela se dá melhor com os meninos do que com as meninas,

... mas eu gosto mais das meninas, elas são meu ponto fraco. Com a roupa feminina ajustada no corpo, me sinto gorda. Acho que com uma garota eu me sentiria melhor.

Na primeira festa a que foi após as restrições da pandemia, teve sua primeira experiência de pegação, e o fez alternadamente com meninas e um menino, todos desconhecidos. Ela diz que se afastou com um garoto e eles se beijaram e se tocaram, mas sentiu que foi mais ou menos. Com o tempo, ela se mostra muito atraída por um garoto e, sucessivamente, por outros.

Ana, tem 14 anos e se define como bissexual. Com os garotos, ela sente "que não chega", insuficiente, inferior, insegura. Às vezes, eles riem dela. Tem dificuldades para criar vínculos, é frágil e carente de afeto materno. Os pais são separados, a mãe trabalha muito, sendo ausente e distante, e o pai está deprimido. Teve uma história online com um menino, mas agora tem uma amiga nova, que, estando na casa dela, perguntou: "*Você gosta de pegar?*" (beijar e tocar). Ela diz que foi legal, que se sentiu apoiada e amada.

Helena, de 13 anos, teve uma história muito difícil, exposta à promiscuidade materna e à privação afetiva. Ela sente rejeição e nojo pelos homens e associa isso à mãe. Tem muitos medos e inibição em relação ao sexo. Teve um relacionamento com uma garota mais velha que lhe dava afeto. Ela diz "*eu me apaixono*". Traz suas preferências sexuais sem se definir.

Apoiando-nos em casos diferentes – próprios e de outros colegas – com elementos semelhantes, voltamos às questões do início. Como indiquei antes, trata-se de uma mostra limitada e vou apresentar minhas impressões.

Em termos gerais, noto diferenças e também semelhanças nas vivências da bissexualidade das meninas púberes e adolescentes atuais, em comparação com alguns anos atrás. Muitas dessas experiências parecem fazer parte da exploração adolescente, mas mal posso chegar perto de supor seu valor circunstancial, ou se elas levarão à escolha ou a padrões sexuais estáveis. Quanto às teorias, aquela sensação de transição que apontei, supõe que encontre alguns referenciais teóricos operativos e vigentes e, ao mesmo tempo, que surgem questões e perguntas sobre outros aspectos. Tenho a sensação permanente de estar em areia movediça junto a meus pacientes, observando o que acontece não só no consultório, mas também fora dele e em meio ao processo de mudanças culturais, o que gera tensões entre a polarização e a possibilidade de pensamento crítico.

De qualquer forma, nesse momento, é bem mais possível compartilhar preocupações do que constatações, e assim tentamos explicar os seguintes efeitos observados:

- Modificações do discurso devido à redução da censura social. O que costumava aparecer censurado, hoje dá a muitas meninas uma imagem positiva e libertadora de si mesmas na fantasia, mesmo quando não se reflete em experiências sexuais concretas. É possível que a maior naturalização da bissexualidade como opção facilite a expressão de sentimentos que antes não eram compartilhados. O termo bissexualidade parece ser utilizado de forma pouco específica, para nomear sentimentos de diversos tipos, incluindo experiências de ternura e afeto, admiração ou percepção da atratividade sexual de outras mulheres. No caso de Lisete, ela sente que sua orientação sexual ainda não está definida e, apesar de seus namorados serem sempre garotos, a ideia de bissexualidade lhe dá liberdade interior em relação a possíveis opções futuras. No entanto, ela o reserva para si mesma, sem seguir a tendência de se autoidentificar ante os outros com um gênero e uma opção sexual determinados.

- A partir da conceituação freudiana, observa-se maior aceitação consciente da bissexualidade psíquica, com o levantamento da repressão. As tendências homossexuais reprimidas em relação a amigas, que em outros tempos não eram atuadas, ou se faziam em menor grau, encontram um caminho mais livre no quadro de explorações sexuais e eróticas. A sublimação é relegada, nesse aspecto e em muitos outros, na sexualidade adolescente de hoje. A ideia anteriormente referida, de que a relação com as amigas permite distanciar-se da relação incestuosa pré-edipiana com a mãe, é sustentada pela facilitação e maior naturalidade do contato físico, mais ou menos erotizado com outras mulheres, decorrente das características do vínculo materno. A proibição do incesto opera de qualquer maneira, mas a extensão da frustração dependerá da qualidade do vínculo com a mãe. Pode ter existido erotização com falta de limites ou uma relação fria e carente de contato próximo. A ausência, a morte ou as deficiências ou excessos nesse vínculo parecem predispor à necessidade de contato físico e erótico, ou de relações amorosas com outras meninas da mesma idade. Isso pode ser um fator em jogo nos casos de Gimena, cuja mãe faleceu, Ana com uma mãe distante, ou Helena, exposta à promiscuidade materna e à privação afetiva.
- Adiar ou reduzir a pressão do relacionamento com o sexo masculino e receber reforço narcísico. A puberdade e o início da adolescência é uma fase em que a relação com o sexo masculino costuma ser mais distante e, para muitas garotas, representa um maior desafio e maiores medos e perigos no contato sexual. Também notamos aqui os efeitos da relação edipiana com o pai. Vimos que tanto Gimena quanto Ana expressam desacordo com seu físico e medo de serem rejeitadas pelos garotos. Isso torna o relacionamento com outra garota mais confortável, imediato e

contido. O relacionamento com outra mulher pode fornecer uma entrada narcísica especular, dando-lhe confiança em ser atraente e desejável, o que às vezes é difícil de obter dos garotos nessa fase.

Bissexualidade versus incompletude? Em relação à dinâmica psíquica subjacente, as teorias psicanalíticas clássicas afirmam que o luto pela bissexualidade se opõe a uma experiência onipotente de completude. Esse ponto está relacionado a um pilar fundamental da psicanálise que é a angústia de castração, elevada a uma teoria da falta ou castração simbólica em Lacan. Aqui as teorias binárias da diferença sexual são confrontadas com propostas não binárias, constituindo um ponto que gera e continuará gerando polêmica. Para as teorias binárias, a não renúncia à bissexualidade supõe uma posição defensiva.

Isso me leva a algumas reflexões sobre a necessidade de repensar as teorias em suas diferentes arestas, para perceber o que é questionado e o que permanece. Mesmo que dispensássemos uma teoria na qual a falta se localize no sexo que não se tem biologicamente, não poderíamos prescindir de reconhecer a falta e a incompletude que perpassam o drama humano, cujo expoente máximo é a morte. Também é evidente a necessidade dos sujeitos contemporâneos de emancipar o corpo sexuado de seus limites biológicos, e transformá-lo de acordo com o desejo, com infinitas possibilidades, tentando evitar e compensar uma realidade em que se deparam com satisfações momentâneas, descontinuidade e vulnerabilidade (Ponce de León, 2017).

Conclusão

É importante levar em consideração que o/a adolescente está explorando o encontro com os outros como parte do processo de saber quem é, ao mesmo tempo que sente insegurança sobre seu corpo e sua imagem, suas emoções. Tudo isso em um mundo que estimula o imediatismo, a ação e o momento presente, com um excesso de informação que excita, dificulta o pensar e também o apropriar-se das experiências e atrelar significados a elas. A mensagem cultural é liberar, mas muitas vezes acaba por rotular. Por um lado, intitular-se bissexual, para além de sê-lo ou não, parece tranquilizar e abrir espaço para possíveis mudanças, mas também, como percebeu Lisete, atribuir-se uma identidade sexual definida, seja ela qual for, pode limitar e condicionar em vez de abrir mais espaço à evolução do desejo e da subjetividade no quadro da transição adolescente. A escuta atenta e aberta do analista pode acompanhar o adolescente em seu ritmo, em suas oscilações e afirmações, para além de condicionamentos e pressões sociais de qualquer natureza. Aceitando a falta de certeza de todas as teorias, anteriores e atuais, há algo que me sustenta firmemente no meu trabalho clínico: o legado de uma posição analítica na qual é essencial dar lugar à maior liberdade na busca de si e das diferenças. Isso não mudou.

Referências

Aberastury, A., & Dornbush, A. (1966). Duelo por el cuerpo, la identidad y los padres infantiles. In A. Rascovsky, & D. Liberman (Eds.), *Psicoanálisis do la manía y psicopatía*. Paidós.

Bonaparte, M. (1957). *Sexualité de la femme: par Marie Bonaparte*. [2e édition.]. PUF.

Eisner, S. (2013). *Bi: notes for a bi revolution*. Searl Press.

Freud, S. (1887/1904). *Cartas a Wilhelm Fliess*. Amorrortu.

Freud, S. (1905). *Tres ensayos de una teoría sexual*. Amorrortu.

Freud, S. (1925). *Algunas consecuencias psíquicas de la diferencia sexual anatómica*. Amorrortu.

Freud, S. (1931). *Sobre la sexualidad femenina* (Tomo XXI). Amorrortu.

García Arzeno, M. E. (1986). *El síndrome de la niña púber* (2a ed.). Paidós, 1991.

Gooß, U. (2008). Concepts of bisexuality, *Journal of Bisexuality, 8*(1-2), 9-23.

Kernberg, O. F. (2001). *Affekt, objekt und übertragung.* Aktuelle entwicklungen der psychoanalytischen theorie und technik [Emotion, object, and transference: the evolution of psychoanalytic theory and method]. Psychosozial-Verlag.

Klein, M. (1964). *El conflicto de Edipo a la luz de las ansiedades tempranas en contribuciones al psicoanálisis.* Paidós.

Laplanche, J., Pontalis, J. B., & Lagache, D. (1977). *Diccionario de psicoanálisis.* Labor.

Ponce de León, E. (2017). Corpo e vulnerabilidade na cultura contemporânea. In C. Sé Holovko & C. Maria Cortezzi (Orgs.), *Sexualidades e gênero.* Desafios da psicanálise. Blucher.

5. Psicossexualidade e gênero em crianças e adolescentes do sexo masculino: pensar as masculinidades hoje

José Enrique Galeano da Costa

Introdução

Pensar sobre o tema *Psicossexualidade hoje: contribuições psicanalíticas* nos convida a refletir à luz de nossos tempos sobre essas questões que dizem respeito à psicanálise desde seus primórdios.

Este trabalho tem como objetivo fazer um percurso sobre a psicossexualidade e o gênero em crianças e adolescentes do sexo masculino, para pensar as masculinidades, isto é, tornar-se homem na interação do impulsivo, as identificações e a cultura no caminho da subjetivação. Para isso, trago contribuições da antropologia, bem como ideias clássicas e contemporâneas da psicanálise sobre a masculinidade. Para ilustrar o assunto, vou apresentar uma vinheta de um púbere de 12 anos.

Glocer Fiorini (2001) refere que a equivalência pênis-falo surgiu em culturas antigas da Ásia e da Grécia e é preservada até os dias de hoje. Pode-se dizer que a masculinidade foi amarrada ao imaginário com o poder e a potência, e o feminino foi por muito tempo associado à maternidade. Essas ideias também permearam o pensamento psicanalítico e se tornaram um norte para a teoria e a clínica. Dado isso: como pensamos sobre a masculinidade hoje? De que forma as crianças e adolescentes do sexo masculino são subjetivados hoje?

Considero que, para iniciar esse percurso de dar algumas respostas a essas questões, temos que renunciar às nossas certezas teóricas, e ter a atitude que Bion propunha para a clínica, a capacidade negativa, que nos permite tolerar a dúvida, a incerteza e, eu acrescentaria, renunciar às verdades absolutas e abrir-nos para o inédito.

Contribuições da antropologia

Para compreender a construção da masculinidade do homem em nossa cultura, considero que as contribuições de antropólogos e sociólogos são valiosas para que seu olhar, do ponto de vista da cultura, ilumine nosso entendimento psicanalítico. Como aponta Glocer Fiorini, é importante criar um espaço de fronteira com a interdisciplina, como o próprio Freud fez.

Vários são os estudos do ponto de vista da cultura que indicam que, para a construção da masculinidade no homem, o olhar de outro homem é e continua a ser central para se validar como tal. A partir disso, gostaria de iniciar esta apresentação com algumas contribuições valiosas da antropóloga feminista Rita Segato, que realiza estudos sobre gênero no âmbito do patriarcado, uma estrutura política arcaica e permanente na humanidade, baseada em uma assimetria entre os gêneros. Dois de seus textos, em minha opinião, abrem caminhos interessantes para a compreensão desses fenômenos: *As estruturas elementares da violência* (2003) e *A guerra contra as mulheres* (2018).

Em relação aos homens, ela afirma que há um mandato cultural relacionado ao exercício do poder em vários níveis: bélico, sexual, moral e intelectual. O sujeito masculino tem que poder se afirmar por essas potências, são características ligadas à sua identidade masculina. E essa identidade tem que ser mostrada a outros homens para seu reconhecimento. O homem tem uma pressão muito forte para atender a esse mandato, já que a estrutura das relações masculinas funciona como uma irmandade. Cada indivíduo tem que se provar cruel, suportar a dor para pertencer à fraternidade, à irmandade dos homens.

Esse mandato de masculinidade deixa de fora a possibilidade de sentir a própria dor e a dos outros, ou seja, a capacidade de sentir empatia. Esse mandato é acompanhado por uma pedagogia da crueldade, que é a forma de manifestação de poder, e que se refere à dessensibilização da violência contra as mulheres, e que os instrui a funcionar como uma sociedade com baixíssimos níveis de empatia e a conviver com os sofrimentos do outro com indiferença e crueldade (Canal UCR, 2017; Segato, 2018).

Segato afirma que a construção da masculinidade, no âmbito do patriarcado, se baseia em uma desigualdade, que se observa nas interações sociais, que conduzem a afetos e valores. Embora nos encontremos em um momento sócio-histórico pós-moderno de transformações dessa estrutura política e social, pode-se dizer que o patriarcado continua em vigor, embora tenha perdido hegemonia. Trago essas contribuições da cultura para pensar como crianças e adolescentes do sexo masculino são subjetivados e de que forma esse quadro sociocultural afeta sua realidade psíquica e marca causas no posicionamento sexual e de gênero.

Contribuições da psicanálise

a) Freud: a angústia de castração

Freud, em sua obra *Três Ensaios* (1905), faz referência ao recurso da bissexualidade e, a partir daí, considera que em todos os seres humanos existem personagens masculinos e femininos, oriundos de sua disposição bissexual e de sua herança cruzada, e que moções bissexuais podem ser encontradas no estado anímico de qualquer pessoa. Com isso, traz o lugar das identificações e da travessia da trama edipiana na subjetivação de cada ser humano. Expressa que o feminino e o masculino trazem à tona a questão da diferença sexual, e ainda assim, achar esses personagens "puros" são construções teóricas de conteúdo incerto.

O foco da obra de Freud (1925, 1933) é a angústia de castração no homem, e o complexo de Édipo é o fenômeno central do período sexual da primeira infância. Sua teoria abriu várias caminhos para pensar sobre a psicossexualidade, mas seu olhar falocêntrico e androcêntrico nos parece limitado hoje em dia.

A teoria psicanalítica, conforme expressa Blestcher (2021), abordou a constituição da sexualidade, bem como seus modos de ordem e recomposição, tanto nas vicissitudes da formação da identidade quanto no trauma. No entanto, argumentou-se a partir dessa perspectiva que a sexualidade masculina respondia a uma evolução natural à medida que o homem conservava a zona erógena e o objeto da sexualidade infantil. Assim, sustenta o autor, que as múltiplas vicissitudes da constituição da masculinidade ficaram saturadas a uma série de fórmulas explicativas que reforçavam uma figuração estereotipada, que respondia a um tipo de masculinidade, deixando de fora, pode-se dizer, outros tipos de masculinidades.

b) Bleichmar: os paradoxos da sexualidade masculina

A partir dessa postura crítica, gostaria de citar algumas ideias de Silvia Bleichmar (2006), psicanalista argentina contemporânea, que argumenta que a psicanálise tem uma dívida com os homens que cruzaram o divã, uma vez que os desenvolvimentos psicanalíticos da sexualidade masculina tiveram um caráter linear, porque a criança do sexo masculino conserva o objeto primário com o órgão de origem, em uma contiguidade que hoje não é muito fértil. A autora afirma que a equação de pênis-virilidade é um ponto de partida, não um ponto de chegada, que se desdobra de várias maneiras.

Bleichmar argumenta que existem três tempos da constituição sexual masculina. No primeiro, institui-se a identidade de gênero, que ainda não assume caráter genital. É o próprio núcleo do eu, e são instalados atributos que a cultura na qual a criança vai se instalar considera relevantes. Esse primeiro tempo coexiste com o polimorfismo perverso e antecede o reconhecimento da diferença anatômica.

Um segundo tempo é a descoberta da diferença anatômica dos sexos. O autor expressa que o próprio atributo biológico existente no corpo masculino não é suficiente para constituir a masculinidade genital ou a potência fálica. É aí que ocorre um paradoxo, pois o fantasma da incorporação do pênis paterno permite o estabelecimento da virilidade, que instaura a angústia homossexual dominante no homem. Bleichmar enfatiza as vicissitudes do complexo de Édipo masculino e a importância fundamental de se fazer uma identificação amorosa e erótica com o pai.

Um terceiro momento: no qual são definidas as identificações secundárias que compõem as instâncias ideais. É sobre que tipo de homem que deverá ser, o que está articulado nas proibições e mandatos que constituem a consciência moral e os ideais. O modo como esses três tempos anteriores determinam o modo de assumir a genitalidade a partir da chamada metamorfose da puberdade também não é linear.

Acredito que as contribuições de Bleichmar nos permitem mostrar a complexa jornada que a criança e o adolescente masculino percorrem ao se tornar homem, uma longa jornada de produção subjetiva.

c) Estudos de gênero

As contribuições de autores psicanalíticos com uma perspectiva de gênero colocam uma ênfase na maneira como o histórico-social e o político, em termos de distribuição desigual de poder entre os gêneros, são parte fundamental da organização psíquica desde o início da vida, conforme indicado por Tajer (2020).

Esse patriarcal simbólico, ao qual se pretende atribuir um caráter universal na estrutura das primeiras relações e da educação, até agora nos constituiu intrapsiquicamente.

Fridman (2019) aponta que a construção da masculinidade hegemônica é um caminho árduo, e que como o primeiro cuidado continua a ser maternalmente predominante, o processo de separação-individuação pelo qual passa o homem o obriga a se diferenciar da mãe rompendo os afetos que considera parte do universo feminino. Por isso, o mundo afetivo é vivenciado pelos homens como ameaçador, pois o que está subjacente é a proximidade identificadora com a mulher e, portanto, a ameaça da desidentificação genérica. A aquisição da masculinidade baseia-se no controle dos afetos para não se tornar feminino e, junto com isso, a luta pelo poder como forma de consolidação da identidade masculina.

Por sua vez, Meler (2013), considera que masculinidade é um conjunto de representações, valores e práticas sociais que transformam crianças do sexo masculino, vulneráveis pela sua imaturidade e pela sua condição humana, em ferozes e hostis, muitas vezes, com uma desestimação do medo e da dor para a melhor defesa do seu grupo de pertencimento.

Seguindo Benjamin, Meler (2013) expressa que a feminilidade social é o espaço no qual se depositam as representações que o sujeito masculino teve que separar da representação de si mesmo, com o propósito de se masculinizar. Dor, medo, fraqueza e sensibilidade se transformaram no calor do combate em qualidades desprezíveis, atribuídas às mulheres. As teorias de gênero desconstruíram esses princípios essencialistas, à margem da história e debiologistas da psicanálise, localizando as marcas da matriz heteronormativa nos modos de subjetivação masculina.

Vinheta clínica

Vou ilustrar, por meio de uma vinheta de um púbere de 12 anos, algumas ideias sobre masculinidade em meninos e adolescentes. Os pais de Lucas recorreram à consulta preocupados com seu mau comportamento tanto na escola como na casa; seus comportamentos agressivos e sua atitude de se sentir "engrandecido" de acordo com sua idade. Na escola, quando briga com os colegas, usa a agressão física, os "punhos", e em casa incomoda constantemente a irmã de quatro anos.

Os pais afirmam que Lucas tem baixa tolerância à frustração e custa muito acalmá-lo quando ele está alterado. Para que ele pudesse canalizar seus impulsos agressivos, seu pai o matriculou no grupo de rúgbi da escola, ao qual ele também havia pertencido quando era adolescente.

Quando pergunto sobre sua infância, comentam que, por volta dos 4 anos, Lucas sofreu muito, quando por motivos de trabalho do pai tiveram que viajar para o exterior. Lucas foi um "mar de lágrimas" quando teve que se separar dos avós maternos com quem compartilhava seu cotidiano. Ele era uma criança muito sensível, e o pai achava difícil tolerar seu choro e acessos de raiva, então ele usou o castigo físico para disciplinar o filho, apesar da discordância da mãe. O pai expressa que a forma de suprimir o choro, além do castigo físico, era usar frases que o tornassem mais forte, como: "não seja bicha" ou "não fique histérica".

Quando conheci Lucas, na primeira entrevista, observei um púbere fisicamente pequeno, mas com uma atitude de fachada mais velha, me contando sobre suas façanhas na escola e sobre seu mau comportamento. Com o passar das entrevistas e logo com o início do tratamento, ele passou, por um lado, a expressar suas dificuldades com as meninas, que muitas vezes ofendia nas redes, chamando-as de "oferecidas" quando se expunham muito ou se ficava zangado com elas. Ele também falava de seu interesse pelo rúgbi e de seu acampamento escolar, que era frequentado apenas por meninos, e do qual as meninas estavam excluídas. No acampamento, havia uma série de rituais a realizar para subir de categoria, e uma hierarquia de líderes, com muitas atividades, várias delas cruéis para testar sua força.

Após várias sessões de histórias sobre esse acampamento e seu cotidiano, Lucas começa a trazer histórias sobre seu vínculo com o pai para a sessão. Em uma sessão, ele relata que seu pai o tratava cruelmente quando era criança, que chegou a bater nele várias vezes e que, em várias delas, urinou pelo susto que sentia.

Também comentou que teve alguns pesadelos. Comentou dois deles: "*um dos meus companheiros de acampamento, um menino mais velho das patrulhas, me batia muito*". A outra era: "*Eu jogava uma bomba e ela caia no rosto da minha irmãzinha, deixando-a ferida*".

Reflexões sobre o caso

Faço referência ao processo de tornar-se criança e adolescente do sexo masculino vinculados com a construção de um tipo de masculinidade. Reflito sobre o Lucas, sobre a criança que ele foi, e que parece que restaram, aparentemente, poucos traços daquele menino sensível e afetuoso.

Penso no posicionamento subjetivo desse púbere com a figura de um pai sádico que subjuga o filho pela violência, despreza suas atitudes que considera femininas e impõe ser homem à força. Eu me pergunto: poderíamos pensar em uma identificação com o agressor em Lucas? Como lidará com suas ansiedades relacionadas à sua masculinidade durante a adolescência? Que tipo de jornada edipiana poderá realizar com essa figura paterna? Uma aproximação amorosa e erótica pode ser alcançada, como propõe Bleichmar, com um pai que provoca medo e terror?

Outro elemento relevante em Lucas é o desprezo pela irmã mais nova. Embora possamos pensar que parte dessa atitude está ligada ao ciúme e à inveja pelo lugar privilegiado dessa menina, a perda do seu lugar de filho único, também se poderia acrescentar que esse desprezo pelo infantil e feminino está ligado às partes não toleradas de si mesmo, que deposita na irmã, por identificação projetiva. O repúdio ao feminino se manifesta tanto em sua hostilidade exacerbada para com a irmã quanto em sua relação com as meninas, a quem frequentemente ofende.

O silenciamento da dor é o ponto chave do gênero nesse púbere. Lucas teve que esconder seus sentimentos e desconfortos, e consolidar uma fachada de masculinidade para ser reconhecido pelo pai e pelo meio social de seus pares. Parte dessas compensações que ele faz estão associadas a formas de suportar a violência e a crueldade como um apoio para uma masculinidade socialmente aceita. Acho que esse menino responde ao que poderíamos chamar de subjetividades masculinas hegemônicas, nas quais há dificuldade em integrar os aspectos femininos, bem como reconhecer seu próprio desamparo e vulnerabilidade.

Conclusão

Assim como Viñar (2009) sustenta que utiliza o termo adolescência no plural por considerar relevante entender que se trata de uma construção histórica com características distintas em cada tempo e lugar, em cada conjuntura histórica e cultural, também gosto de pensar desde a contemporaneidade, o termo masculinidades no plural, pois abre o leque de possibilidades em relação à subjetividade masculina, fugindo dos modelos hegemônicos construídos a partir de uma matriz heteronormativa e patriarcal.

Compreender as masculinidades no plural implica reconhecer as diferentes possibilidades de apresentações sexuais e de gênero, que englobam um tornar-se masculino em uma cultura e em uma época, reconhecendo a interação do impulsivo, dos itinerários do desejo e das identificações, que marcam os espaços heterogêneos.

Da mesma forma, penso que a possibilidade de questionar a diferença sexual, como única diferença possível, e de nos abrirmos para uma desconstrução da diferença como campo simbólico, como proposto por Glocer Fiorini (2015), nos permite abrir o leque das masculinidades.

Espero que essa troca de ideias abra novos pensamentos que nos permitam manter a psicanálise viva, para ter um dispositivo que possa continuar a acomodar o sofrimento atual do ser humano, e como diz Bleichmar (2005), que sejamos dignos de nosso tempo e que nossos escritos sejam honestos e avançados para a época em que vivemos.

Referências

Bleichmar, S. (2005). La sexualidad a cien años de los tres ensayos. *En Cien años de sexualidade*, 3(3).

Bleichmar, S. (2006). *Paradojas de la sexualidad masculina*. Paidós.

Blestcher, F. (2021). Masculinidades en cuestión y síntomas de la solución paterna en psicoanálisis: incomodidades de una intensificación. *En La masculinidad incomodada*. Homo Sapiens Ediciones.

Canal UCR (5 de abril del 2017). Conferencia de Rita Segato: *Instituciones yvulnerabilidad: pensar la política en clave femenina* [Archivo de video]. https://youtu.be/lCdXyrdeWvY

Freud, S. (2000). *Tres ensayos de teoría sexual* (Tomo VII). Amorrortu Editores, 1905.

Freud, S. (2008). *Algunas consecuencias psíquicas de las diferencias anatómicas de los sexos* (Tomo XIX). Amorrortu Editores, 1925.

Freud, S. (2013). *33ª Conferencia: la feminidad* (Tomo XXII). Amorrortu Editores, 1933.

Fridman, I. (2019). *Violencia de género y psicoanálisis*: agonías impensables. Lugar Editorial.

Glocer Fiorini, L. (2001). *Lo femenino y el pensamiento complejo*. Lugar Editorial.

Glocer Fiorini, L. (2015). *La diferencia sexual en debate*: cuerpos, deseos y ficciones. Lugar Editorial.

Meler, I. (2013). Género e intersubjetividad: el procesamiento psíquico del dolor. *Revista Actualidad Psicológica*, (421).

Segato, R. (2003). *Estructuras elementales de la violencia*. Universidad Nacional de Quilmes.

Segato, R. (2018). *La guerra contra las mujeres*. Prometeo Libros.

Tajer, D. (2020). *Psicoanálisis para todxs*: por una clínica pospatriarcal, posheteronormativa y poscolonial. Topía Editorial.

Viñar, M. (2009). Las adolescencias del siglo XXI. *Docta Revista de Psicoanálisis, 7*(5), 95-116, 2009. http://apcweb.com.ar/wpcontent/uploads/2014/10/Docta05-B.pdf

6. A capacidade de *rêverie* parental e momentos-chave na construção da feminilidade da menina e da adolescente

Teresa Rocha Leite Haudenschild

A capacidade de *rêverie* parental, que dá ressonância aos sentimentos do bebê ao atribuir-lhes significado em um diálogo psíquico, é o que inicia a entrada da criança no mundo como ser humano. Não só no início da vida, mas desde a gestação e nos períodos seguintes, tanto a menina como a adolescente precisam contar com a capacidade de *rêverie* dos pais para conter suas confusas emoções, compreendendo-as e possibilitando, assim, que elas próprias possam contê-las e pensá-las.

Focaremos os momentos de crise no desenvolvimento psicossexual da menina e da adolescente que, se transpostos contando com a *rêverie* parental e/ou do analista, poderão ajudá-las a ampliar sua capacidade de pensar e sua personalidade, mantendo o sentimento de si mesmas.

A menina na mente dos pais durante a gestação

Desde a gestação, os desejos conscientes e inconscientes dos pais estão presentes e são muito importantes na atribuição de gênero que se dá ao recém-nascido.

Se esses desejos partem de mentes infantis, com um funcionamento predominantemente pré-genital, que não lhes permite acolher a imprevisível singularidade do bebê, este pode ter seu desenvolvimento psicossexual prejudicado desde o princípio.

Os pais de Bruna estão muito contentes esperando uma filha: sempre desejaram ter primeiro uma filha, porque não tinham nem irmãs nem primas. O pai dizia: "*Vai ser a princesinha da família*".

Bion (1962) diz que a capacidade de *rêverie* é um fator da *função alfa* da mãe, que permite a ela ter uma total abertura para receber qualquer identificação projetiva proveniente de seu bebê, sem considerar se este a sente como um objeto bom ou mau. Para isso, a mãe deve ter amor por seu marido e seu bebê.

Por meio da capacidade de *rêverie* a mãe, em *uníssono* com o nascente psiquismo do filho, pode conter as protossensorialidades e protoemoções do recém-nascido (*elementos beta*), dando-lhes nome e significado (*elementos alfa*).

Para isso, a mãe empresta ao bebê o seu repertório onírico, "sonhando" por/para ele tudo o que é projetado nela. Assim, pouco a pouco, a criança vai ganhando continência psíquica e representação para seus afetos, até que possa constituir internamente uma *autocontinência psíquica* (Meltzer, 1975) e seu próprio aparelho para pensar, sua *função alfa*. A esse momento da relação materna primária Bion dá o nome de realização da *preconcepção inata do seio*. Porque, além de alimentar-se do seio físico, a criança se alimenta de um *seio pensante* (Meltzer, 1975).

Para Bion, a relação do analista com seu paciente deveria guiar-se por essa relação e sua operação na sessão de análise, tendo amor por seu paciente e pela verdade.

O terror sem nome *do recém-nascido e a rêverie materna*

Desde recém-nascida, Bruna conta com uma mãe que pode compreender suas emoções e dar-lhes nome e significado.

Aos 21 dias, quando a mãe a desveste para banhá-la, Bruna grita e chora desesperadamente. A mãe cobre seu peitinho com uma fralda e, segurando-a com o braço esquerdo a põe na água, falando carinhosamente: "*Está com medo filhinha? Mamãe está aqui, com você e vai te dar um banho... A água quentinha vai te envolver...*" Bruna, pouco a pouco, para de chorar, se tranquiliza e olha para a mãe, fixando-se nos olhos dela.

Bruna e a primeira onda da sexualidade

Aos 2 anos

Quando chego em sua casa para observá-la, encontro-a brincando de motorista, sentada no pedal da máquina de costura, com as mãos no volante (roda da máquina). Atrás dela pôs sua bolsa e sua boneca. Quando digo que "*parece a mamãe, dirigindo o carro*" ela se levanta, abaixa a calcinha e me mostra o púbis, em que desenhou os pelinhos com esferográfica, como me dizendo: "*sou como a mamãe em tudo*".

A mãe e eu nos surpreendemos com a capacidade de Bruna para demonstrar que quer ser como a mãe. E, se tem pelos no púbis como a mãe, pode brincar que é mãe, e ter uma filhinha e uma bolsa.

Bruna já pode expressar seus desejos de ser como a mãe, porque a mãe sempre conversa com a filha sobre tudo que esta propõe.

A formação de uma imagem corporal é uma contribuição importante para que se estabeleça um sentido primário de feminilidade e uma identidade de gênero nuclear. Nessa vinheta, vemos que Bruna pode representar e dar um significado a seus genitais, integrando-os em sua imagem corporal.

Realização da preconcepção edípica e a rêverie parental

Para Bion, a outra preconcepção inata que terá que ser realizada pela criança é a preconcepção edípica. Penso que esta começa a esboçar-se já na relação primária, pois uma mãe com *rêverie* tem um funcionamento mental predominantemente genital (depressivo): ela tem um pai internalizado, reconhece e aceita o diferente, a presença do outro– o marido, a quem ela valoriza.

Mais adiante, quando a criança enfrenta a paixão e a rivalidade edípicas, as elaborações continuam. Nesse momento, o que vai ajudá-la é a *rêverie*do casal parental.

Aos 5 anos

Nessa idade, a criança é muito observadora e gosta de conversar. Bruna pergunta à mãe: "*Sua 'perereca'* (genitais externos) *tem uma manteiguinha como a minha? De onde vem? De dentro? Vem à noite?*". Ela tem noção de que há um espaço interno de onde sai algo valioso: um líquido feminino (Alizade, 1992).

Nessa mesma época, Bruna pergunta à sua mãe: "*Quando eu crescer, vou ter peitos grandes como você? Você vai me deixar usar seus vestidos?*". E lhe pede que a ajude a escolher vestidos nos figurinos da costureira. Quando põe um vestido novo, pede ao pai que tire uma foto.

Podemos ver aqui a importância do sentimento de feminilidade da própria mãe e da disponibilidade emocional do pai e seu olhar, na constituição da feminilidade da filha.

Angústias edípicas

Aos 6 anos

Os pais me falam sobre as angústias de Bruna (e também deles). A mãe dá aulas à noite e os filhos ficam com o pai até a hora de dormir. Bruna gosta de brincar de vender e comprar as "joias" da mãe. O pai as compra seguindo as recomendações dela. Mas quando a mãe tarda em chegar, Bruna chora: "*Quero mamãe!*". O pai é muito paciente, mas não sabe o que fazer.

Bruna quer ter (roubar) "as joias" da mãe: o marido, o bebê, tudo. Mas ama sua mãe e teme perdê-la. O pai aceita "brincar" com a filha, mas percebe que, depois, ela se sente angustiada. Sente-se ansiosa quando crê que os desejos libidinais pelo pai põem em risco seu vínculo de apoio com a mãe (Tyson & Tyson, 1990).

Ao adquirir a capacidade de estabelecer relações objetais triádicas, a menina sai da relação exclusiva com a mãe: deseja ter uma relação com o pai diferente da que tem com a mãe. Se ela pode estabelecer uma representação interna firme da relação com cada um deles, isso lhe permitirá abrir caminho para um desenvolvimento psicossexual não patológico.

É interessante observar que os pais, quando buscam conversar com uma analista, estão demostrando a valorização do psiquismo e da linguagem íntima. Eles me pedem ajuda para falar com Bruna nesse momento tão difícil para ela e eles. Têm capacidade de escuta psíquica e querem ampliá-la.

Latência

As relações sociais se ampliam e a menina enfrenta-se com novos objetos de identificação. É uma época em que os papéis de gênero são colocados em cena: como mãe, noiva, professora, bailarina, cabeleireira, modista, atriz etc.

Aos 7 anos

Brincando de casinha na sessão, Carol põe "mãe e filha" cozinhando, e diz ao "pai" que ele tem que sair para trabalhar. Elas fazem as tarefas de casa, cuidam do bebê e recebem as visitas das amigas mulheres.

Sonia recosta-se languidamente no divã e me conta uma história sobre o "noivo", enquanto fuma um cigarro fazendo uso de uma longa piteira improvisada. Seus olhos se fecham e se abrem de acordo com o tom do discurso: de surpresa ou estranheza. De vez em quando, com a mão esquerda arruma a roupa, com um gesto muito feminino.

A ênfase é posta na performance. Em como ser feminina. Como se estivesse numa entrevista que poderia ser vista por mulheres, mostrando como ela sabe se comportar como uma mulher.

Adolescência: o corpo adulto pede passagem

A segunda onda da sexualidade humana surge na puberdade, com o recrudescimento das fantasias sexuais dirigidas aos primeiros objetos.

Shirley Hoxter (1964) diz que:

> *A emergência dos aspectos biológicos da sexualidade adulta é acompanhada pelo ressurgimento simultâneo das emoções, impulsos e relacionamentos da sexualidade infantil. As imagens parentais internas que foram se formando por meio de introjeções durante a infância são reanimadas vividamente e acompanhadas pelos mesmos sentimentos fortes e pelas mesmas ansiedades e defesas que ocorreram originalmente na infância. (p. 25)*

Quando se manifesta a capacidade de procriar, de maneira repentina, com a menarca, é como uma *cesura* (Bion, 1977): algo que dá continuidade à vida e exige o luto pelo corpo infantil, que deve ser deixado para trás, como foi deixado o útero ao nascer. Talvez por isso,

Blos (1967) diga que a puberdade é o princípio da segunda individuação. Recentes descobrimentos em neurologia mostram que "há uma segunda onda de crescimento de matéria cinza na puberdade, provavelmente relacionada a novas conexões e ramificações [dos neurônios] que continua com uma poda de sinapses" (Volavka, 2002); a primeira onda ocorreria ao redor dos 18 meses, seguida também por uma poda das sinapses: processo paralelo ao descrito por Freud (1905) em relação ao surgimento difásico da sexualidade, em duas etapas.

Bel, uma púber de 13 anos que acabara de menstruar, traz o seguinte sonho:

Eu estava na escola e apareceu um homem estranho, que queria estuprar as meninas. Corri tudo o que pude e de repente estava numa praia e então entrei no mar para que ele não me visse. Tinha um montão de livros flutuando e eu me escondi debaixo deles. Minha mãe estava dentro do mar e então me deu a mão e me puxou até a praia. Saímos correndo do mar e fugimos para outro lado.

A sexualidade feminina, sentida como algo estranho, está representada pelo perseguidor masculino (contraparte de sua feminilidade "estranha") que quer violá-la (temor à penetração). Bel busca refúgio no mar-mãe: protetora idealizada, pré-edípica, que docemente a abrigaria até a morte (se Bel ficasse para sempre em seu regaço, como um bebê para sempre no útero...) e se esconde "atrás dos livros", como ocorre na vida real, quando se esconde atrás dos estudos de maneira obsessiva, privando-se até de ir a festas, onde os companheiros masculinos poderiam suscitar o surgimento de sua sexualidade.

A mãe, no sonho, a traz de novo para a terra – Bel sente que sua mãe trata de fazê-la sair de casa, enfrentar sua condição de mulher jovem e bonita, caminhando em terra firme, sentindo o peso de seu corpo, em vez de ficar flutuando nas águas da relação primária e esconder-se, submergindo nos estudos.

Bel recorria muito à mãe, tanto na vida diurna como em seus sonhos. Esse sonho representa o "susto" pelo surgimento de sua sexualidade feminina e o "susto" pela percepção do masculino (o homem adulto que a persegue) que a assusta e fascina ao mesmo tempo.

A cesura da puberdade e o retorno das imagos primárias

Bel está vivendo a cesura da puberdade: o adeus ao corpo da infância e o enfrentamento de sua sexualidade, estranha, desconhecida. Surgem temores e ansiedades matizados pelo desejo de retornar a situações protegidas – em casos mais extremos, retornar à relação primária com a mãe. Bel sai do mar (proteção materna) conduzida pela mãe, que a retira de seu esconderijo debaixo dos livros.

Blos assinala a importância desse retorno das imagos primárias (materna e paterna), numa regressão a serviço da progressão: a reafirmação positiva dessas relações primárias torna possível que elas possam permanecer como um ideal de ego, protetor internalizado do ego, gerador de confiança em si mesmo e de esperança. Blos diz que o ideal de ego é o herdeiro do complexo de Édipo negativo, herdeiro da relação isogenérica (com a mãe, no caso da menina e com o pai, no caso do menino) pré-edípica, pré-ambivalente, com os genitores. "O ideal de ego tem suas raízes na identificação com o progenitor do mesmo sexo" (Blos, 1962, p. 185).

A mãe de Bel conta que ela pediu à avó materna camisolas antigas, de seda bordada: "ela as veste e posa diante do espelho. Parece uma estrela de cinema..." O espelho também está nos olhos dos pais, dos avós. Olhos que "refletem o que há para ser visto" (Haudenschild, 2004, p. 49). Assim, a adolescente descobrirá seu próprio self e será capaz de existir e sentir-se real em seu gênero.

"Sentir-se real é mais que existir: é encontrar uma forma de existir como si mesmo e de se relacionar com os objetos como si mesmo, e de ter um *self* dentro do qual pode retirar-se para descansar" (Winnicott, 1967).

As tarefas da adolescência e as futuras

A capacidade de pensar as próprias experiências emocionais, adquirida desde o princípio da vida na convivência com pais que tenham capacidade de *rêverie* (pais que supostamente continuam dispondo dessa capacidade em sua relação com o adolescente), inclinará a balança para o contato com a realidade e para novas integrações, o que resultará em ações mais adequadas, em lugar de atuações, somatizações e outras soluções patológicas.

Em "Transformações da puberdade" Freud (1905) atribui como tarefas da adolescência, a subordinação da pré-genitalidade à genitalidade, o estabelecimento de novos objetos sexuais e, finalmente, a consolidação da exogamia.

Somente a partir de um funcionamento mental predominantemente genital será possível buscar companheiros exogâmicos adequados para compartilhar a vida. Um bom casamento interno, com a própria singularidade, é o que permitirá à jovem adulta apreciar a singularidade de seu parceiro e ter uma convivência criativa na relação com ele.

E dessa relação poderão nascer filhos reconhecidos e aceitos com suas diferenças, e uma maternidade saudável, internalizada e revivida na adolescência como ideal de ego (Blos, 1962).

E mais adiante, sua fertilidade psíquica, sua capacidade própria de pensar cada evento novo em sua vida, a ajudará a enfrentar a menopausa (Haudenschild, 2013) e a velhice. Raphael-Left, em *O sonhador da vida diurna* (2010), desenvolve o conceito de "identidade generativa", matriz da criatividade, que se forma no princípio da vida pelas relações com os objetos parentais primários, com os quais, como salienta Winnicott (1986), pode-se ter a experiência de "criar o mundo" antes de enfrentar a realidade.

Referências

Alizade, A. (1992). *La sensualidad femenina*. Amorrortu.

Bion, W. (1962). *Learning from experience*. Heinemann.

Bion, W. (1977). *Two papers: the grid and caesura*. Imago.

Blos, P. (1962). *On adolescence:* a psychoanalytic interpretation. The Free Press.

Blos, P. (1967). The second individuation process of adolescence. In P. Blos, *The adolescent passage: developmental issues*. International Universities Press, 1979.

Freud, S. (1905). As transformações da puberdade. Três ensaios sobre a sexualidade. In S. Freud, *Edição standard brasileira das obras psicológicas completas de Sigmund Freud*, (Vol. 7, pp. 213-237). Imago,1972.

Haudenschild, T. (2004). The green continent: the constitution of femininity in a clinical case. In M. Alcira Alizade, *Studies on femininity*. Karnac.

Haudenschild, T. (2013). Menopause dreams. In Moeslein-Teising & Thomson-Salo (Eds.), *The female body – inside and outside*. Karnac.

Hoxter, S. (1964). The experience of the puberty. *J Child Psychoterapy*, *1*(2), 13-25.

Meltzer, D. (1975). *Explorations del autismo*. Paidós, 1979.

Raphael-Left, J. (2010). The "dreamer" by day life – imaginative play, creativity and generative identity. *The Psychoanalytic Study of Child*, *64*, 14-53.

Tyson, P., & Tyson, R. (1990). Gender development: girls. *Psychoanalytic theories of development: an integration*. Yale University Press.

Volavka, J. (2002). *Neurobiology and violence*. American Psychiatric Publishing.

Winnicott, D. (1967). Mirror-role of mother and family in child development. In *Playing and Reality*. Tavistock, 1971.

Winnicott, D. (1986). Living in a creative way. In *Home is where we start from*. Winnicott Trust.

Parte III
Refletindo sobre diversidades sexuais e psicanálise

7. Além do falo

Fernando Orduz Gonzáles

Introdução

Magnus Hirschfeld, é um psicanalista alemão, pouco conhecido, creio eu, que aparece em algumas citações de Freud nos três ensaios e cujo nome deve corroborar algumas das atas que certificam sua participação na criação da Associação Psicanalítica de Berlim em 1908.

Sua proximidade com Freud certamente foi gerada porque Hirschfeld, considerava o ser humano uma combinação única e irrepetível de traços masculinos e femininos, no sentido biológico. Tese da qual ele nunca se afastou.

Hirschfeld é certamente mais conhecido em outros círculos, pois foi um defensor ativo dos direitos dos homossexuais na Alemanha. Criou um comitê de defesa em 1897, que apoia a ideia de eliminar um artigo do código alemão em que homossexuais são condenados como criminosos, pelo que podem ser presos.

Trago o nome de Hirschfeld porque foi ele quem primeiro cunhou o conceito de travesti em 1910. Além de ter criado a primeira revista sobre sexologia em 1908 e em 1919 ter fundado o Instituto de Estudos da Sexualidade, quando viaja pela primeira vez Lili Elba, a garota dinamarquesa. Esse médico alemão também é conhecido historicamente porque, em 10 de maio de 1933, sua biblioteca foi invadida e incinerada pela multidão nazista, que, além disso, empalou um busto escultural de Magnus, como um emblema do que fazer com qualquer anti-ideologia. Alemão pureza.

O puro ou o trans

A noção de pureza racial hoje é um sinal dessa ideologia totalitária genocida, mas nem o nazismo nem a ideia de pureza desapareceram; como todo mal, eles sofreram mutações para sobreviver. A ideia de pureza, por exemplo, continua presente em outros cultos, como o culto da pureza de ideias, ou o culto da pureza da identidade dos sexos, ou simplesmente como culto ao conceito ilusório de identidade como singularidade.

Os discursos que partem dessa ideia do um como pura identidade tendem a qualificar qualquer sinal de diferença como impureza, direcionando essas noções diversas para as margens sociais ou conceituais. Suas impurezas não devem ser validadas nos centros racionais do conhecimento instituído. Existem identidades puras que valem ouro, existem identidades mistas ou impuras que valem cobre. O que não está perto do centro é marginalizado no limite, fica no límen, é eliminado. Nesses sistemas de identidade, existe um centro claramente definido que se olha no espelho e valida seu reflexo, marginalizando tudo o que não reflete sua imagem.

No século XIX, o discurso da ciência positiva reinou e suas várias expressões biológicas, médicas e genéticas tornaram-se a norma e o paradigma explicativo do humano. A sexualidade era entendida como um fato anatomofisiológico que tinha uma finalidade clara: a reprodução.

Situação que a Igreja Católica, reinante no Ocidente naqueles tempos, acolheu placidamente, a Sagrada Família perpetuou o seu lugar nodal na ciência e nas crenças. Qualquer sexualidade pensada fora do que a compreensão biológica naturalista indicava era um sinal de aberração, portanto, os comportamentos homossexuais deveriam ser condenados por serem atos contra a natureza da reprodução.

E quanto a Freud?

Quando Freud começou a falar de sexualidade nos Três ensaios (1992a), a primeira coisa que enfatizou é que a sexualidade humana não fazia um vínculo permanente por natureza com um objeto sexual, os casos de homossexualidade, zoofilia, fetiches indicavam isso. Da mesma forma, sugeria que a relação sexual não era o único objetivo perseguido pela sexualidade humana, conforme corroborado pelos onanismos, voyeurismos, felação, cunilíngus, sodomias, que povoam as histórias dos pacientes daquela e desta época.

A teoria de Freud desnaturou a sexualidade, os Três Ensaios são um reconhecimento de sua pluralidade. Essa ideia da sexualidade humana tão diversa também está presente em seu trabalho sobre um caso da homossexualidade feminina, no qual alerta para os riscos de uma literatura sobre homossexualidade em sua época que não separava as questões da escolha do objeto daqueles que correspondem a características sexuais somáticas e psíquicas.

Nesse trabalho sobre a homossexualidade feminina, Freud entende a sexualidade como um conjunto de três categorias: orientação sexual, natureza genética e identidade de gênero, que não estabelecem correspondências causais ou lineares, mas se ramificam em várias possibilidades.

Mas gostaria de me deter um pouco sobre a obra em que Freud (1992b) destacou uma questão-chave entre as memórias de um magistrado alemão do século XIX: qual será a sensação de ser mulher na hora da relação sexual?

Essa pergunta tem uma resposta de repúdio em Schreber, repúdio que qualquer homem da época ou destes tempos tende a fazer. Essa rejeição dessa ideia que habita o interior do jurista alemão serve a Freud para revelar o mecanismo paranoico que se desencadeia nos homens diante da percepção de seus impulsos homossexuais e da castração contingente que isso geraria. O feminino, por não poder ser simbolizado como parte de si mesmo, torna-se diabólico (lembre-se que, no grego, símbolo e diabolus são antônimos).

Brincando com as palavras, um fica paranoico de não ver o outro como ele é, mas de vê-lo como uma ameaça, o feminino, ou melhor, o diferente torna-se monstruoso, essa é a própria maneira americana e hollywoodiana de ver o estrangeiro deformado e ameaçador. O diferente surge como ameaça de castração, não do fálico, mas de identidades unitárias narcisistas. O falo é, para alguns homens, uma representação de sua identidade, de sua masculinidade mais fálica, mas sempre há uma vida após a morte.

Essa reflexão me leva a pensar que se alguma marca da sexualidade surgisse no inconsciente (da bissexualidade, como Freud a enunciava logo no início, depois de se corresponder com Fliess), seria a marca de uma oscilação, de um movimento ambivalente energizado por uma energia móvel que coloca os processos inconscientes em transmutação permanente.

Como tudo o que vem do inconsciente, essa sexualidade nos apareceria de forma ambígua, como algo enigmático, incognoscível e insolúvel. Por isso, é muito suspeito que dito território queira ser colonizado pela leitura masculina de psi com termos como o de que no inconsciente há um significante primordial, e chamá-lo de falo.

Se há algo fundamental, não é tanto um significante, mas um movimento oscilante que nos mostraria que a sexualidade se move entre diversidades permanentes e formas unitárias transitórias. Uma oscilação entre um eu que tenta apreender uma imagem na qual se reconheça e outra instância que o lembra que nem todo mundo sou eu, que também existe, que nem tudo é o centro, mas que também existem margens e limiares. A trans é uma desconstrução que desarma o quadro de segurança da identidade.

Trans

O fenômeno trans é o melhor exemplo hojede que anatomia não é destino. O sujeito trans nos evidencia as contradições e ambivalências que animam nossa vida inconsciente.

Se na psicanálise falamos tanto em triangularidade, o trans poderia ser aquela categoria que a terceiridade nos coloca diante do binarismo, um é um ou o outro, mas um pode ser um e o outro ou ficar na metade, como em um liminar, o espaço entre um e outro, como quando alguém está no meio da soleira (umbral).

Devemos recuperar o valor significativo do prefixo trans, que nos remete permanentemente à dinâmica da vida: nós transitamos. Vamos da vida à morte, navegamos em nosso cotidiano urbano, viajamos de história em história dentro de nossos escritórios. Seria ainda mais interessante e poderoso não colocá-lo como terceiridade ao trans, porque senão se congelaria como uma categoria, trans é o que permite a dinâmica, a transformação, a passagem, a transferência.

Desde o início de nossos mitos gregos, trans marcou a capacidade de questionar ou interrogar a si mesmo. Pensemos na figura de Tirésias, a primeira trans de nossa história mítica. O ser mítico que se tornou mulher e se tornou homem tem outra dualidade constituinte: uma cegueira que lhe permitiu observar e prever o futuro.

Nas terras ameríndias do norte, os berdaches eram chamados de seres que possuíam os dois espíritos que, portanto, os dotavam de habilidades especiais, como acontecia com Tirésias.

O sentido essencial da figura de Tirésias reside em seu papel de mediador: por seus dons proféticos, ele faz a mediação entre os deuses e os homens; devido à sua condição andrógina, o faz entre homens e mulheres; e pela duração excepcional de sua vida, entre os vivos e os mortos.

O homem que chega diante de Édipo para resolver o enigma da peste não é o ilustrado e vidente representante de Apolo a quem o rei invoca, mas um velho e cego trans ou bi ou indeterminado, que justamente por isso tem o dom ou a força da verdade.

Édipo seria, assim, a encarnação da arrogância do nosso saber reinante que nos torna cegos para a verdade, sempre nebulosa e indeterminada. Em algo nos assemelhamos ao trágico rei de Tebas, pois em muitas ocasiões, talvez em decorrência do confinamento entre nossas quatro paredes e nossos tronos construídos sobre teorias racionais e normativas, ficamos cegos para observar a presença permanente do fenômeno trans em nossas culturas.

Por que essa nova questão sobre as pessoas trans, seja travestismo, transexualidade, transgênero, quando a história e a diversidade cultural nos conduzem por milhares de casos em que essa suposta excepcionalidade ocidental marcou presença, incluindo nosso próprio europeísmo racional? Há não poucas décadas, alguns dos frequentadores permitiram que seus corpos juvenis fossem envolvidos nos tons musicais de um estilo chamado Glam, cujo ícone principal era a figura ambígua e andrógina de Ziggy Stardust/David Bowie. Só para listar um caso dentro da longa série de travestis que o Ocidente tem adorado musicalmente.

Mas também é possível pensar que há séculos a figura do travesti se legitima em torno do ritual carnavalesco anual. Parece que os machos carnavalescos esperam por aqueles 4 dias em que seu desejo oculto pode ser expresso em êxtase, longe das construções paranoicas às quais a moralidade machista os levaria a delirar paranoicamente, como fez com Schreber.

A figura trans percorreu a história de maneiras muito diferentes, só que até agora o nomadismo da travesti nos conduziu pelos caminhos da soleira, da penumbra, muitas mulheres do século XIX se refugiaram nas formas masculinas para que a carta deles fosse aceita: as irmãs Brontë, Louisa May Alcott, Mary Shelley, Colette.

A trans também tem servido do ponto de vista artístico para questionar a ideia de identidade e/ou os simulacros que se constituem como falsas imagens unitárias. Principalmente como o trans transmutou nossas idiossincrasias, levando nossas subjetividades a adotarem imagens nas quais nos alienamos, acreditando que são a essência do nosso ser, mas revelando a mascarada dessas verdades identitárias.

Isso ligaria o conceito trans ao de alter. Como diria o conhecido poeta Rimbaud: "Erramos em dizer: penso; deveríamos dizer que pensam para mim. – Desculpe pelo trocadilho. Eu é outro".

Entendida como alienação, trans nos faz vislumbrar seu caráter simulacro. É assim que Nelly Richard coloca quando diz:

> *A hiperlegitimação da identidade como máscara feita pela travesti desmascara a vocação latino-americana de retoque. Retocar a falta do próprio através da sobrelotação cosmética do "estrangeiro".*
>
> *Visto do centro, a cópia periférica é rebaixada duas vezes. Mas vista de si mesma, esta cópia é também uma sátira pós-colonial de como o primeiro mundo projeta falsas representações de originalidade e autenticidade na imagem latino-americana que a América Latina mais uma vez falsifica em uma caricatura de si mesma para satisfazer a demanda do outro. (Richard, 1993, p. 68)*

Existe algo mais travesti do que ver um analista latino travestir sua idiossincrasia latina, vestindo-se como um dândi europeu, pensando como um psicólogo francês ou inglês e escrevendo como indicam as normas da APA, colocando seu paciente em um divã de origem vienense, mas, em realidade, é de origem otomana? Mas essa trans não nos afeta porque a naturalizamos.

A questão do século XXI é que o trans deixou de ser uma mascarada, um véu ou vestimenta, um encobrimento transitório, para se tornar um corpo. O prefixo trans tornou-se carne, o que poderia ser uma contradição em relação à mobilidade ou mutabilidade que gostaria de destacar.

Algumas décadas atrás, um artista francês chamado Orlan teve o sorriso de Europa de Boucher, a sobrancelha da Mona Lisa, o queixo da Vênus de Boticelli operados em seu corpo. Grande parte do público europeu ficou escandalizado com suas intervenções corporais. Entre os escandalizados estavam muitas pessoas que tiveram seios implantados como os da Vênus de Boticelli, que tingiram os cabelos de ouro como a Europa de Boucher, ou que tiveram sobrancelhas tatuadas na crista da sobrancelha à maneira do famoso quadro de Leonardo. Eles ficaram escandalizados com a mutação corporal do outro, mas não com as mutações estéticas normativas de seus corpos.

Transliminar

Hoje em dia, a noção de patologia limítrofe tornou-se muito popular para registrar e diagnosticar o que está por trás de cada escolha que vai além da normatividade heterossexual. À maneira das tragédias gregas, um coro de educadores, pais e profissionais do campo psi passa o tempo enunciando que nossa contemporaneidade carece de limites.

Eu me pergunto por que essas afirmações, e eu respondo: o que está causando uma crise é a noção de limite e seu equivalente, a noção de centro.

Há uma patologia das fronteiras que não pode mais conter as migrações móveis do século, que não pode mais delimitar um eu sou daqui e você é de lá, não há maneira uniforme de conter tanta pluralidade. O vírus da diversidade rompeu os diques racionais das taxonomias do século XIX de Linneo.

As velhas certezas perdem hoje o seu fundamento. Nossa psicanálise se fechou a uma compreensão da sexualidade do ponto de vista masculino. As teorias da feminilidade pareciam surgir da costela de Édipo como Eva saiu da costela de Adão.

Desse ponto de vista, as leituras sobre o alter tenderam a adotar o mecanismo paranoico que mencionei antes, uma visão teratogênica do outro que inclui o feminino, o homo, o diverso. Para entender o trans, teríamos que pensar mais em um método paranoico no estilo de Dali, e não tanto no estilo de Schreber, isso nos daria um aspecto menos culino e não tão mais culino.

Referências

Freud, S. (1992a). Tres ensayos para una teoría sexual (L. Lopez Ballesteros, trad). In *Obras completas* (Tomo II). Biblioteca Nueva, 1905.

Freud, S. (1992b). Observaciones psicoanalíticas sobre un caso de paranoia (L. Lopez Ballesteros, trad). In *Obras completas* (Tomo II). Biblioteca Nueva, 1910.

Richard, N. (1993). *Masculino/Femenino. Prácticas de la diferencia y cultura democrática*. Francisco Zegers. Editores. Santiago de Chile.

Rimbaud, A. (2010). *Cartas al vidente*. Biblioteca Virtual Universal. 1871. https://www.curriculumnacional.cl/614/articles-258237_recurso_pdf.pdf

8. Dialogando sobre o documentário *Limiar*

Coraci Ruiz

Sou documentarista, trabalho principalmente como diretora e diretora de fotografia. Em 2016, quando meu filho, aos 15 anos, me falou pela primeira vez que estava em dúvida sobre a sua identidade de gênero, minha primeira reação foi pedir para fazer uma entrevista com ele. Ele topou, e a experiência foi muito boa para nós dois. O diálogo fluiu bem e a câmera, ao contrário do que se imagina, não nos inibiu. Dali para frente, a cada novo momento de seu percurso, fazíamos uma nova conversa, sempre com a presença da câmera. Assim, esse se tornou um espaço importante para o nosso diálogo sobre as questões que envolviam a transição dele. Fui guardando o material filmado sem ter certeza do que faria com ele.

Quando senti que essas conversas iriam constituir um filme, comecei a investir em alguns outros materiais. Fiz uma conversa com o meu filho mais novo e uma conversa com a minha mãe. A fala da minha mãe permitiu que eu enxergasse e pudesse abordar mais diretamente alguns conflitos ou diferenças geracionais que existiam mesmo numa família aberta como a minha. Meu filho mais novo mostrou como uma criança conseguia ver aquilo tudo com naturalidade.

Também fui fazer uma pesquisa de materiais de arquivo familiar (fotos e vídeos antigos), arquivos mais gerais (televisão – trecho das Diretas Já!) e de materiais de outros trabalhos que filmei (outros eventos políticos). Ao mesmo tempo, comecei a construir o texto da narração. Dessa maneira, o meu personagem no filme é construído a partir das minhas perguntas e comentários por detrás da câmera nas conversas filmadas, e por essa narração em primeira pessoa.

No final do período de edição do filme, mais de três anos já haviam se passado desde a primeira conversa filmada. Naquele momento, eu já entendia tudo o que havia se passado de outra maneira. Por isso, sentia um constrangimento por algumas coisas que havia dito nas primeiras entrevistas ou pela forma como havia feito algumas perguntas. Mas achei que era importante não cortar essas falas, para que o espectador pudesse perceber como eu havia me transformado ao longo do processo.

Ao mesmo tempo, algumas das minhas crises e angústias só eram possíveis de contar se eu as colocasse em palavras, e por isso a narração foi crescendo durante a montagem. Eu abordo principalmente dois desses conflitos: a questão do nome e a questão da autorização para a hormonização.

Em relação ao nome, era um conflito interno, um processo de aceitação, de abrir mão do nome que escolhi e acolher o novo nome escolhido pelo meu filho. Mas não envolvia nenhuma tomada de decisão.

Já a questão da testosterona era um pouco mais delicada. Como ele ainda era menor de idade, eu tinha que assinar a autorização para a terapia hormonal. Eu me via entre dois medos: por um lado, que ele se arrependesse um dia, e talvez ainda me culpasse por ter permitido;

por outro, o medo de estar prolongando um sofrimento que eu, como uma pessoa cisgênera, não era capaz de mensurar, de entender.

Nesse sentido, foi muito importante para nós encontrar o Ambulatório de Gênero da Psiquiatria da Unicamp. Quando conhecemos o serviço, nos sentimos muito seguros e bem acolhidos. A forma acolhedora como fomos recebidos, o caráter multidisciplinar do atendimento e o fato de estar na Unicamp me deixaram tranquila e segura. Por isso, entre tantas dúvidas e inseguranças que me acompanhavam, tomei a decisão de seguir o que fosse indicado pela equipe. Esse diálogo com profissionais capacitados foi fundamental para atravessarmos esse terreno das dúvidas.

Um dos meus grandes aprendizados nessa jornada foi rever a minha noção de cuidado. Quando um bebê nasce, e quando temos uma criança pequena, cuidar envolve tomar muitas decisões sobre o corpo do outro – como e até quando amamentar, como inserir alimentação, se usaremos fralda de pano ou descartável, quando está frio para colocar casaco ou quente para tirar, se a criança vai comer doces, se vai comer carne, quando irá para a escola, para qual escola... enfim, é natural e necessário que a gente exerça um poder sobre o corpo dos nossos filhos.

Porém quando eles crescem, passam a reivindicar esse poder de decisão e esse modelo para de funcionar. Pra mim, entender que o cuidado dali pra frente estava mais relacionado a dialogar do que a decidir foi importante. E é muito difícil saber quando, porque 18 anos é apenas uma convenção social, e para cada pessoa funciona um pouco diferente. No meu caso, depois de muito diálogo, leituras e aprendizados, em algum momento eu me senti segura para dar esse passo.

Não sei como teria sido viver isso tudo sem fazer o filme. Tenho certeza que um processo interferiu muito no outro. Em paralelo, eu estava fazendo um doutorado na Unicamp sobre documentário autobiográfico de mulheres (Ruiz, 2020), e acabei lendo algumas coisas da teoria feminista e queer. Isso ajudou muito também. Foi um mergulho profundo em que minha experiência como mãe, minha atividade como pesquisadora e minha profissão de documentarista estavam em diálogo, uma alimentando a outra. Foi a maneira que encontrei de vivenciar esse momento.

Referência

Ruiz, C. B. *Documentário autobiográfico de mulheres: tecnologias, gestos e estéticas de resistência.* 2020. [online] (256 p.) Tese de doutorado. Universidade Estadual de Campinas, Instituto de Artes, Campinas, SP. https://hdl.handle.net/20.500.12733/1639910.

9. Refletindo sobre diversidades sexuais e psicanálise

Rodrigo Lage Leite

Eu agradeço à comissão organizadora o convite para participar desta importante Jornada Latino-Americana do Comitê de Mulheres e Psicanálise (COWAP). Cumprimento também meus interlocutores Fernando Orduz Gonzáles e Coraci Ruiz.

Desde o momento em que aceitei o convite, eu sabia o que gostaria de trazer para essa conversa. Pareceu-me bastante oportuno aproveitar a ocasião para recuperar o fio condutor que une três trabalhos psicanalíticos sobre diversidades sexuais e preconceitos, desenvolvidos na Sociedade Brasileira de Psicanálise de São Paulo (SBPSP) nos últimos anos, e que culminaram em três diferentes artigos sobre o tema.

Entretanto, o estímulo necessário para alinhavar o fio dessa comunicação veio do trailer do filme de Coraci Ruiz, *Limiar*; narrado em primeira pessoa, a diretora-mãe conta sobre o processo de transição de gênero de seu filho. Em determinado momento, ela diz:

> *Às vezes eu achava que devia simplesmente aceitar.*
> *Às vezes eu achava que devia questionar.*
> *Não é fácil saber a melhor forma de lidar com um processo desse, mas eu nunca quis ser uma mãe que ficava duvidando, e eu achei que filmar seria a melhor maneira de entender o que estava acontecendo. (Limiar, 2021)*

Para nossa geração de psicanalistas, penso que também não seja fácil "saber a melhor forma de lidar com um processo desse". E é sobre os motivos que fazem com que não seja fácil que gostaria de refletir.

A experiência narrada me remeteu à primeira vez em que um paciente introduziu em seu processo de análise a ideia de que o gênero masculino que até então o definira, não era condizente com a experiência íntima vivida por ele. *Eu nunca fui um homem. Eu não sou um homem*, ele dizia.

Diferentemente de outros pacientes que já vieram para análise com posição e fala organizadas sobre o tema, L. me convocava a acompanhá-lo nesse processo de descoberta. Como a mãe do filme, eu, psicanalista, era convocado a participar in loco do diálogo íntimo dessa pessoa acerca dos sentidos, fantasias, desejos, dúvidas sobre o que significaria ser homem ou mulher, masculino ou feminino, e de como se posicionar diante dessas construções.

"Aceitar" ou "questionar" são verbos tentadores e rondaram o campo analítico. Muitas vezes, eu achava que "aceitar" era uma imposição frente às minhas convicções pessoais e profissionais. Outras vezes, entendia que meu papel de analista me convocava a um questionamento marcante, no sentido de trabalhar ativamente pela ampliação do contato desse paciente com suas fantasias inconscientes, desejos etc.

O trabalho clínico com esse paciente me convenceu de que a questão decisiva estava no lugar de onde se escuta a diversidade sexual, de onde se escuta o erotismo do outro, esse erotismo que, ao menos no plano consciente, diferencia-se do nosso. Penso que não é aceitável que um analista seja ingênuo ou displicente sobre sua inserção numa cultura impregnada por noções, ideais, tecnologias e conceitos que naturalizam concepções sobre sexo e gênero, que nos mantêm fixados em um sistema binário pretensamente bem demarcado e definido, e que muitas vezes dirige a escuta do erotismo das pessoas a partir de preconcepções, preconceitos e sintomas. Assim, parto da ideia de que o lugar de onde se deveria escutar o erotismo do outro – qualquer outro – é aquele do reconhecimento de que somos atravessados por preconceitos e ímpetos normatizadores e, muitas vezes, tentados a dirigir nossos pacientes para modelos ideais com os quais fomos acostumados.

Na tentativa de sustentar um lugar de escuta atento a esses riscos, vou então apresentar três breves reflexões desenvolvidas nos três trabalhos a que me referi anteriormente.

O primeiro artigo de 2014, publicado na Revista IDE, fazia referência a um debate que surgiu a partir da tramitação no Congresso Nacional de um "projeto de cura gay", momento em que pululavam manifestações contrárias a ele no país. Nosso campo de saber era interpelado a se manifestar e dizer se haveria procedência na ideia de uma cura gay ou de um tratamento para homossexualidade.

O caminho que tomamos, eu, Oswaldo Ferreira Leite, Eduardo Martins e Tiago Porto – à época envolvidos com o grupo de estudos "Psicanálise e homossexualidade" coordenado por Osvaldo na SBPSP – foi adotar Foucault como referencial e retomar os movimentos históricos e conceituais de apropriação e desapropriação médico-moral da homossexualidade, uma expressão cunhada pelo psiquiatra francês Lanteri-Laura.

Nossa conclusão neste artigo foi que a tipificação da homossexualidade como doença, crime ou pecado sempre se dera a partir de concepções morais ou estratégias de controle e regulação. Não havia nelas argumentação científica ou indícios de legitimidade conceitual.

Assim, tal enquadramento do desejo homossexual não poderia ser desfeito a não ser pela revisão dos preconceitos e da homofobia. No artigo escrevemos:

> *a busca de uma determinação causal – biológica, médica – ou de uma explicação universal – psicológica ou psicanalítica – sempre partiram de uma circunscrição inadequada, invertida do objeto de estudo. O poder, a moral e os bons costumes é que apontavam a experiência como anormal. E a partir daí buscavam-se explicações. A ciência era convocada, por tabela, a estudar e explicar o que a sociedade e seus preconceitos interrogavam, sobre o que assustava ou incomodava.*
>
> *Assim sendo, é impossível que a compreensão da homossexualidade como algo anormal ou desviante seja desfeita a partir de descobertas ou teorias científicas. Uma vez que esta ideia parte de concepções morais e de poder, sua revisão só poderá ser efetivamente realizada a partir da desconstrução dessas premissas, e da reorientação das questões que o mundo endereça aos cientistas e psicanalistas, não o contrário. (Martins et al., 2014)*

Essa primeira conclusão – de que seria necessário desconstruir premissas preconceituosas inseridas inclusive no cerne do pensamento psicanalítico – me conduziu às leituras que culminaram no segundo artigo, em que se propõe um diálogo de Freud e Laplanche com o filósofo transexual Paul Preciado. A ideia de "desobstruir a escuta psicanalítica do sexual", título deste trabalho publicado no último número do Jornal de Psicanálise, apoia-se na desconstrução radical da epistemologia da diferença sexual, proposta por Preciado.

Com o intuito de discutir exatamente como preconceitos e fantasias de médicos, juristas ou psicanalistas governam e impregnam as teorias, escolhi apresentar as reflexões de Preciado sobre dois interessantes processos:

- os protocolos de atribuição de sexo aos bebês intersexuais;
- os tratamentos de redesignação de gênero aos adultos transsexuais.

Fiz questão de destacar a discussão crítica que Preciado faz sobre os critérios adotados, em 1955, pelo psicopediatra americano John Money e seus colegas, para atribuição de sexo aos bebês intersexuais, processo baseado prioritariamente na observação da genitália daquelas crianças.

Era a visão dos órgãos genitais, a avaliação do seu tamanho e da potencialidade de manter ereções viáveis na vida adulta que definiria o sexo da criança. Exemplificando um pouco melhor: indivíduos com genótipo XY, portanto, geneticamente compatíveis com o sexo masculino, mas que apresentassem genitália menor que 2 cm e que não fossem responsivos ao estímulo com testosterona, seriam considerados "meninas" e sofreriam as intervenções hormonais e cirúrgicas para assim conformá-los. Da mesma forma, indivíduos com genótipo XX, geneticamente compatíveis com o sexo feminino, mas que tivessem "um pênis normal e bem formado" seriam considerados "meninos" e receberiam tratamentos hormonais para assim se desenvolver. Conforme John Money, "a castração de um pênis normal é difícil de explicar para os pais". Preciado sublinha que nessas decisões jamais se considerou a possibilidade de um terceiro sexo, fora do registro binário, o que chamou de sexo n+1.

Como podemos perceber, para os médicos e juristas de meados do século XX não era tolerável a ambiguidade sexual, não era tolerável uma menina com um órgão sexual diferente de uma vagina. Assim, governados por fantasias conscientes e inconscientes e por uma concepção de mundo em que só cabiam 2 sexos e 2 gêneros, médicos e juristas se autorizavam a intervir precoce e definitivamente na vida, nos corpos e nos destinos dessas crianças.

Preciado, e também outros autores da chamada teoria *Queer*, e, mais ainda, pessoas de diferentes posições eróticas e identitárias, que vivenciam essas experiências em sua vida íntima, enfrentam essa questão de outra maneira, neste início de século XXI. As essências transcendentais "masculino" ou "feminino" estão radicalmente postas à prova. A desconstrução desses conceitos e a fluidez com que se pode circular por eles estão cada vez mais presentes na cultura.

Tais essências teriam a ver, do ponto de vista das filosofias de Foucault e de Preciado, com ideais biopolíticos de controle e regulação da sexualidade. Também poderíamos pensar em termos de ideais no sentido psicanalítico, pensando as noções de masculino e feminino como organizadores psíquicos da multiplicidade de possibilidades eróticas e identitárias que o grande reservatório do inconsciente freudiano comporta.

Nesse segundo artigo, escrevi:

> *Proponho que a leitura de Preciado atualiza o caráter polimorfo do erotismo infantil descrito por Freud, permitindo reinterpretá-lo não apenas como zona de passagem – infantil – a ser recalcada, mas como reservatório de possibilidades para a constituição plural do erotismo humano.* (Leite, 2021)

Nesse ponto, chego à terceira reflexão a que me referi. Ela é parte de um artigo intitulado "Os ruídos intermináveis da festa: capital mito-simbólico e designação de gênero" (2020), publicado recentemente na Revista Calibán. A festa a que o título se refere são os "chás de revelação do sexo dos bebês", que se tornaram comuns em algumas culturas, nas últimas décadas.

Apoiado no artigo de Laplanche, "O gênero, o sexo e o sexual", de 2015, e na derivação de sua teoria da sedução generalizada para o processo de designação de gênero, retomamos a ideia fecunda deste autor de que, ao lado das comunicações conscientes enviadas pelo entorno à criança acerca do seu gênero – "você é um menino, você é uma menina, um menino é assim, uma menina é assado" –, estaria um segundo tipo de mensagens, ou como prefere Laplanche, um verdadeiro "bombardeio de mensagens", que funcionam como ruídos do inconsciente daqueles que se encontram ao redor da criança – seus pais, familiares, amigos próximos, médicos, professores, cuidadores.

Assim, a mensagem consciente ou pré-consciente que se pretendia objetiva e clara torna-se enigmática e carente de uma tradução. É em decorrência dessa tensão que Dejours (2006) credita ao gênero proposto por Laplanche o *status* de uma categoria psíquica, "o gênero da criança, e não da sociedade", resultado do "trabalho psíquico específico e ativo que a criança lança em resposta a uma mensagem ou série de mensagens".

Dejours (2006) acrescenta ainda que "quando adultos atribuem um gênero a uma criança, eles mesmos não sabem exatamente o que entendem por macho ou fêmea, masculino ou feminino, homem ou mulher". Inseridas nas mensagens enviadas à criança estão todas as dúvidas, ambiguidades, incertezas e os resíduos dos conflitos internos dos adultos.

Diz Dejours: "É fácil significar a uma criança que ele é um homem. Mas, o que quer dizer ser um homem para o adulto que pronuncia esta assignação?"

Penso que pela sua indagação, uma questão maior é endereçada à teorização psicanalítica: "O que quer dizer homem ou mulher, masculino ou feminino para o psicanalista que se utiliza desta conceituação?"

Se considerarmos os diferentes atores envolvidos na designação de gênero, a espessa teia conflitiva e fantasmática inerente a cada um deles, e o longo e singular caminho da criança na metabolização e simbolização das mensagens enigmáticas enviadas a ela, não teríamos que ampliar nossa escuta clínica em direção a possibilidades menos enrijecidas ou "normalizadas" das expressões humanas do sexual? Não seria isso o que os novos desenvolvimentos das lutas sociais pela diversidade sexual, assim como as produções acadêmicas vultuosas da teoria *Queer* têm comunicado?

Encerro essa participação chamando à atenção para o papel da cultura na metabolização que cada indivíduo faz do gênero. Silvia Alonso (2016) afirma que "o plano da cultura entra na construção do gênero oferecendo códigos de tradução que permitirão à criança traduzir as mensagens enigmáticas". Podemos pensar assim quais manifestações da cultura atual têm transformado o nosso capital mito-simbólico e ampliado as possibilidades de expressão do sexual na vida adulta: produções acadêmicas, como a de Paul Preciado, Judith Butler e tantos outros autores; produções artísticas como a de Linn da Quebrada, Pablo Vittar, Alice Guél, dentre inúmeros outros; e também obras audiovisuais de grande potência e alcance, como *De gravata e unha vermelha* (2015), da cineasta e psicanalista Miriam Chnaiderman, *Laerte-se* (2017), de Lygia Barbosa da Silva e Eliane Brum, e este belíssimo *Limiar* (2020), de Coraci Ruiz, que, ao entender que "filmar seria a melhor maneira de entender o que estava acontecendo", amplia as possibilidades do mundo de enfrentar o preconceito e a normatização do humano.

Referências

Alonso, S. L. (2016). O conceito de gênero retrabalhado na teoria da sedução generalizada. *Percurso, 56/57*, 81-90.

Dejours, C. (2016). Por una teoría psicoanalítica de la diferencia de sexos. Introducción al artículo de Jean Laplanche. *Revista Alter*. https://revistaalter.com/revista/por-una-teoria-psicoanalitica-de-la-diferencia-de-sexos-introduccion-al-articulo-de-jean-laplanche/934

Laplanche, J. (2015). O gênero, o sexo e o sexual. In *Sexual – a sexualidade ampliada no sentido freudiano*. Dublinense.

Leite, R. L. (2020). Os ruídos intermináveis da festa: capital mito-simbólico e designação de gênero. Calibán. *Revista Latinoamericana de Psicoanálisis, 18*(02), 136-147.

Leite, R. L. (2021). Preciado, Laplanche, Freud. Desobstruindo a escuta psicanalítica do sexual. *Jornal de Psicanálise, 54*(100), 231-231.

Martins, E. S. T., Leite, R. L., Porto, T. S., & Leite Netto, O. F. (2014). Psicanálise e homossexualidade – da apropriação à desapropriação médico-moral. *IDE, 57*(36), 163-177.

Parte IV
Violência contra a mulher

10. Algumas consequências da violência contra as mulheres: indução ao suicídio e/ou infidelidade[1]

Teresa Lartigue

Gayle Rubin, antropóloga americana, cunhou o conceito "sistemas sexo-gênero" definido por ela como "o conjunto de arranjos pelos quais a matéria-prima biológica do sexo e da procriação humana é moldada pela intervenção humana e social e satisfeita de maneira convencional, por mais estranhas que algumas dessas convenções possam ser" (1975, p. 44, tradução nossa). A autora afirma que "o reino do sexo, gênero e procriação humanos tem sido submetido e modificado por uma incessante atividade humana durante milênios" (p. 45).

Nesse sentido, dois exemplos são suficientes: os avanços nas técnicas de reprodução assistida (Alkolombre, 2011, tradução nossa) e as variantes que apareceram nas redes sociais com relação à sexualidade, das quais Félix Velasco conta no seu livro *Cupido atrapado en la red*

1 Tradução: André Moreira da Silva.

(2021). O autor aborda os temas do *cibersexo*, ou seja, uma atividade na qual as pessoas são excitadas por meio de mensagens com conteúdo sexual, que enviam mutualmente por meio de internet, é um jogo de papéis em que os participantes fingem que estão tendo relações sexuais (p. 55). Também há o *sexting*, "termo que implica na recepção ou transmissão por redes sociais de imagens ou vídeos de si mesmos ou si mesmas, tendo nelas conteúdo sexual – com ou sem autorização de quem criou tais imagens ou de quem as emitem – através dos dispositivos digitais, maioria deles celulares, tablets ou laptops. A sua difusão é instantânea"(p. 56). Também descreve o *teledildônicos*, "prática do sexo em uma realidade virtual simulada por um dispositivo eletrônico" (p. 57); em outras palavras, trata-se de uma masturbação remota mútua. E por último, da *cibersexualidade*, que se utiliza em dois sentidos: o primeiro refere-se "aos diferentes mecanismos que utilizamos para nos conectar com um sócio sexual humano habitual ou potencial, por meio de mensagens ou através de uma rede social" (p. 59). O segundo, "caracteriza-se pelo oferecimento de experiências sexuais que não dependem de outro ser humano, mas sim de robôs sexuais" (p. 59), de bonecas de plásticos. Todas essas modalidades intimamente relacionadas com o tema que nos reúne das "*Psicossexualidades hoje*".

Por seu lado, a historiadora Joan Scott (1986) define a categoria de gênero em duas partes: "como um elemento constitutivo das relações sociais baseadas nas diferenças que distinguem os sexos, e como forma primária das relações de poder significativas" (p. 289). Esse poder, referido principalmente à denominação masculina e a opressão e subordinação social das mulheres, tem sido objeto de milhares de páginas, que analisam a natureza e a gênese dessa condição. Na atualidade, há uma advertência clara sobre as consequências dessa opressão, que se expressa, antes de tudo, na esfera familiar, no intersubjetivo que se torna intrassubjetivo ou intrapsíquico. Em segundo lugar, na transubjetividade nos papéis sexuais, que "marcam uma participação diferente entre os homens e as mulheres nas instituições sociais, econômicas, políticas e religiosas; papéis que incluem as atitudes, valores e expectativas que uma sociedade qualquer conceitua como masculinos ou femininos" (Lamas, 1996, p. 98, tradução nossa).

Essa comunicação é a que eu irei focar no âmbito doméstico, no qual a opressão e a subjugação da mulher é uma das modalidades de violência conjugal, a par da violência física, sexual, mental ou psicológica, além da exploração econômica que constituem as formas ativas. Junto com a privação emocional, a indiferença, o descuido, a exclusão, tornar-se invisível e a violência do silêncio que compõe as formas passivas, assim como o testemunho da violência, igualmente agressiva e/ou destrutiva. Há de ressaltar que, a partir de 1994, no Relatório do Banco Mundial elaborado por Heise, Pitanguy e Germain (1994), a carga global sobre a saúde das mulheres pela violência de gênero foi evidente e visível.[2] Relatórios continuam sendo realizados em diferentes países.[3]

Como Freud (1912) apontou, todas as relações humanas são ambivalentes, amor e ódio se reúnem na mesma pessoa; deve-se notar que em todo relacionamento existem desavenças, conflitos e mal-entendidos. Por isso, é importante saber conversar e ouvir tudo o que nos incomoda. No entanto, a expressão de raiva, ira, cólera e o ressentimento para com o outro, o querer destruir a sua autoestima, seu valor próprio, querer machucá-lo no fundo do seu ser, é nesse contexto que a crueldade aparece, ou o que Bollas (citado por Vertzner

---

2 Uma análise detalhada do mesmo pode ser visto em Lartigue (1999).

3 A esse repeito, veja o último relatório elaborado pela Secretaria Executiva do Sistema Nacional de Segurança Pública, que demonstra que, do dia 15 de janeiro a 31 de agosto de 2021, foram registrados 171.198 supostos crimes de violência familiar, o que aumentou 19,6% em relação ao mesmo período do ano de 2020. Em abril de 2019, a Cidade do México relata o incidente de violência doméstica, dentro do incidente de violência familiar. Veja a pesquisa realizada por Mayerli Vargas (2022) no Estado de Morelos sobre *A violência por parceiros íntimos contra a mulher e seus efeitos intersubjetivos na função materna.*

Marucco, 2014, p. 91) chama de "estrutura do mal", a ontologia maligna que se expressa no caso extremo da violência de gênero, que é o feminicídio. Coincido plenamente com Ana Maria Fernandez, que aponta que

> *muitos casos que aparecem nas estatísticas como "suicídio" ou "acidentes domésticos" poderiam ser feminicídios encobertos. . . e que outra forma funcionaria como "indução ao suicídio" – violência de gênero exercida ao longo do tempo que gera depressão ou abuso incestuoso, etc (sic).(citado por Vertzner Marucco, 2014, p. 88, tradução nossa)*

Suicídio

Podemos nos perguntar o que está acontecendo na relação de alguns casais – antes e durante a pandemia – que leva algumas mulheres ao suicídio, ou a fazer uma ou mais tentativas de suicídio, e o porquê de estar relacionado à fidelidade.

O suicídio, segundo Vives (2013), é a pior das vicissitudes da melancolia e é a causa mais comum de morte em psiquiatria.

> *É a mais grave das psicoses, pois não tem possibilidade de tratamento ou reparação. No suicídio, a severidade do superego chega ao extremo de decretar uma sentença de morte ao sujeito, onde não só subjuga sadicamente o ego, como também determina a morte do objeto interiorizado, acabando com a própria vida do sujeito. (p. 293)*

Da mesma forma, destaca que é importante distinguir a ameaça de suicídio, cuja importância não deve ser subestimada, pois pode acontecer dessas ameaças se concretizarem em tentativas graves de tirar a vida. Vives considera o "suicídio atenuado ou diferido" como um caso particular que é notado nos comportamentos aditivos, pelo fato dos vícios representarem uma forma de matar-se espaçado no tempo, como é o caso do alcoolismo, das toxicodependências de todo o tipo, do tabagismo, dos vícios do trabalho compulsivo, jogos de azar e outros tipos de vícios.

Menninger assume a hipótese de um instinto de morte para explicar os casos de suicídio consumado, bem como os de tentativa de suicídio; aborda também os casos que chama de "suicídio localizado para referir-se à automutilação, múltiplas cirurgias, acidentes intencionais, até impotência e frigidez" (citado por Vives, 2013, p. 293). Menninger menciona que existe outra forma de suicídio limitada no espaço, como transtornos psicossomáticos, em que há dano ao organismo. Esse autor "sugere que a introjeção do desejo de matar se combina com o desejo de ser morto e, portanto, um suicídio é como qualquer outro sintoma neurótico[4] que representa uma agressão neutralizada e modificada pela punição, sendo o todo erotizado" (citado, p. 295).

Infidelidade

Em países como Espanha e Itália, a sociedade punia a infidelidade, ou ainda hoje é punida com a morte, quer da mulher, quer dos dois "amantes". Da nossa parte, devemos assumir que os países da América Latina são herdeiros dessas representações culturais. Portanto, minha proposta é unir em alguns casos a tentativa de suicídio e a infidelidade. Esta última como forma pela qual a mulher, em sua melancolia e desespero, tenta incitar o assassinato, a morte física para acabar com uma vida que não existe mais. Ou, à morte psíquica, quando a mulher é expulsa e totalmente excluída do grupo familiar, com maior força e severidade dependendo do poder econômico, político ou social do cônjuge.

4 Vives define como sintoma psicótico.

O portal de internet infidelidad.com.mx menciona que a infidelidade pode ocorrer por vários motivos, embora os mais recorrentes sejam dez, entre os quais "desconhecimento das características do gênero, falta de respeito e relaxamento no cuidado da relação, intolerância às ideias e as ações do outro, falta de comunicação e tabus, falta de amor" (2013, pp. 3-5). Não há menção de violência conjugal em nenhuma seção.

É importante esclarecer que, nos casos que menciono a seguir, em nenhum momento estou falando de violência física, como a narrada no filme *Te doy mis ojos*,[5] e sim de violência psicológica. Nas palavras de Ponce de León:

> *O que se destaca como inerente à violência destrutiva, seja real ou simbólica, é o desconhecimento e a subjugação da alteridade, a intolerância a todo o tipo de diferença e a busca de subjugar ou eliminar aqueles que estão em posição minoritária, de maior dependência ou vulnerabilidade. (2019, p. 53)*

Outro tipo de violência psíquica é a do silêncio, conhecida como lei do gelo, do não falar (Varela, 2016), assim como outras modalidades que instauram um regime de terror, tirania e transmissão de misoginia; esta última é "visível através de diferentes expressões como difamação, discriminação, objetificação, desigualdade de direitos e diferentes violência físicas e simbólicas" (Alkolombre, 2019, p. 43, tradução nossa).

Na minha prática clínica, numa amostra de oito mulheres que me consultaram durante o período em que atuei como psicanalista (isto é, de 1989 até 2023), das quais por questões de sigilo não vou falar

---

5 Brilhantemente analisado por Lauzon (2020) e Lewcowicz (2020); nem que houvesse necessidade de restrição judicial de abordagem (Iacuzzi, 2020).

individualmente, mas sim por nomes comuns, em três casos, a "infidelidade" foi virtual, platônica, nunca houve uma abordagem erótica ou sensual, nem mesmo um simples beijo. No entanto, a severidade do superego, o sentimento de culpa e a consequente necessidade de punição mostram-se com tal intensidade que ficou clara a ideia religiosa do catolicismo de que se peca "por pensamento, ação e omissão". Não estou abordando o problema da infidelidade do cônjuge ou companheiro, que merece ser tratado separadamente por envolver outras vias de entrada ou fatores precipitantes, ou de infidelidade em geral.[1]

1. Uma história de vida na qual a relação inicial com a mãe foi terrivelmente conflituosa, caracterizada por ter nascido depois de um irmão falecido, e/ou por uma atitude de indiferença ou rejeição extrema, e/ou por um nível inatingível de exigência e/ou ser filha de mulher profundamente submissa ao marido, ou com vida sexual insatisfatória no relacionamento. Essas deficiências nos primeiros anos de vida impediram que tivessem desenvolvido envoltórios narcísicos tróficos, espelhamentos estruturantes, identificações e a consolidação de um núcleo pétreo nas palavras de Alizade (1992).

2. Um vínculo com o pai, praticamente ausente, que abdicou da função paterna, que deixou a criação a cargo da mãe; ou eram filhas de um pai exigente, que lhes fazia sentir que tudo tinha que ser conquistado, merecido. O lema era "nada é de graça", você tem que lutar e se esforçar muito. Ou de um pai dependente e exigente, mas carinhoso, próximo e que compensava algumas das inadequações maternas.

3. A maioria presenciou a violência exercida pelo pai sobre a mãe, seja por ouvir as humilhações, insultos e difamações que culminaram em separação e divórcio. Da mesma forma que presenciar as infidelidades do pai e o contínuo "perdão" da mãe. Ou então

1 A esse respeito, recomendo a leitura de Macías (2019).

ocorreu a morte do pai vivenciada como abandono, ou a morte da mãe em decorrência de um distúrbio psicossomático, ou o alcoolismo como forma de evasão ou fuga de uma relação permanente de dominação-submissão.

4. Apesar de ter concluído com sucesso uma carreira universitária e, na maioria dos casos, ter um trabalho reconhecido e remunerado, a síndrome de "quem fracassa quando consegue" (Freud, 1916). A severidade de um superego sádico, cruel e punitivo que os faz sentirem-se indignos, de nada merecerem, não se reconhecem como sujeitos de direitos, com autoestima elevada, aliada em alguns casos à insuficiência de recursos econômicos próprios (García Rojas, 2022). É impressionante que todas as oito foram ou são mulheres bonitas, elegantes e distintas, porém não se percebem desta maneira. Escolheram maridos com um narcisismo profundo, que seria possível considerar perverso, sem capacidade de empatia, que se comportam como tiranos, e assustam não só as esposas, mas também os filhos. É praticamente impossível descrever o sofrimento psíquico, a dor, o desespero de tentar repetidamente algum tipo de reconhecimento de alteridade, da mutualidade, da negociação, do respeito, da empatia.

Concluo com uma utopia, com as palavras de Jéssica Benjamin a respeito de que uma relação intersubjetiva, como a de casal (ou analítica) "estabelece-se quando cada um dos protagonistas perceber o outro como centro autônomo e independente de sentimentos, desejos e fantasias homólogos ao próprio eu, enquanto em tensão dialética, tenta negar essa interdependência" (citado por Coderch, 1999, p. 143, tradução nossa).

Referências

Alizade, M. (1992). *La sensualidad femenina*. Amorrortu.

Alkolombre, P. (Comp.) (2011). *Travesías del cuerpo femenino:* un recorrido psicoanalítico en torno a temas de obstetricia. Letra Viva.

Alkolombre, P. (2019). Violencia, misoginia y repudio a lo femenino. In P. Alkolombre, & E. Ponce de León (Comps.), *Violencias y subjetividad. Género, infancia y sociedad* (pp. 41-51). Letra Viva, COWAP/IPA.

Coderch, J. (1999). La influencia del pensamiento postmoderno en el psicoanálisis actual. *Cuadernos de Psicoanálisis, XXXII*(3-4), 124-150.

Freud, S. (1912). Sobre la dinámica de la transferencia. In *Obras completas* (Vol. XII, pp. 93-105). Amorrortu.

Freud, S. (1916). Algunos tipos de carácter dilucidados por el trabajo psicoanalítico. II Los que fracasan cuando triunfan. In *Obras completas* (Vol. XIV, pp. 323-337). Amorrortu.

García Rojas, F. (2022). Hacia un cuarto propio: la libertad económica de las mujeres. En A. Mejía, P. Alkolombre, & T. Lartigue (Comps.), *Poder, género y amor 2. Perspectivas femeninas contemporáneas* (pp. 63-68). Letra Viva, COWAP/IPA.

Heise, L., Pitanguy, J., & Germain, A. (1994). *Violencia contra la mujer: la carga oculta de salud.* Organización Panamericana de la Salud/Banco Mundial.

Iacuzzi, A. (2020). La muerte como amenaza constante. En P. Alkolombre, & G. Cardó (Comps.), *Femenino-masculino. Diversidad, Género, Transformaciones* (pp. 109-116). Letra Viva, COWAP/IPA.

Infidelidad.com.mx (2013). *Comprende la infidelidad de la mano de los expertos*. Editores de Textos Mexicanos.

Lamas, M. (Comp.) (1996). *El género: la construcción cultural de la diferencia sexual.* PUEG/UNAM.

Lartigue, T. (1999). Edipo y violencia contra la mujer. La internalización de las asimetrías y desigualdades. In J. Vives (Comp.), *Violencia social, sexualidad y creatividad*. Plaza y Valdés, APM, pp. 15-34.

Lauzon, J. (2020). Violencia de género y subjetividad: *Te doy mis ojos.* In P. Alkolombre, & G. Cardó (Comps.), *Femenino-masculino. Diversidad, Género, Transformaciones* (pp. 121-128). Letra Viva, COWAP/IPA.

Lewkowicz, S. (2020). *Te doy mis ojos*: sobre la violencia doméstica. In P. Alkolombre, & G. Cardó (Comps.), *Femenino-masculino. Diversidad, Género, Transformaciones* (pp. 117-119). Letra Viva, COWAP/IPA.

Macías, R. M. (2019). El papel de la mujer en la infidelidad. *Cuadernos de Psicoanálisis, LII*(1-2), 67-72.

Ponce de León, E. (2019). La violencia en las ideologías. In P. Alkolombre, & E. Ponce de León (Comps.), *Violencias y subjetividad. Género, infancia y sociedad* (pp. 53-63). Letra Viva, COWAP/IPA.

Rubin, G. (1975). Tráfico de mujeres. Notas sobre la economía política del sexo. In M. Lamas (Comp.), *El género: la construcción cultural de la diferencia sexual* (pp. 35-96). PUEG/UNAM, 1996.

Scott, J. (1986). El género: una categoría útil para el análisis histórico. In M. Lamas (Comp.), *El género: la construcción cultural de la diferencia sexual* (pp. 265-302). PUEG/UNAM, 1996.

Varela, O. (2016). El silencio: una violencia desestructurante. In P. Alkolombre, & C. Sé Holovko (Comps.), *Parentalidades y género. Su incidencia en la subjetividad* (pp. 201-204). Letra Viva, COWAP/IPA.

Vargas, M. (2022). *La violencia de pareja en la mujer y sus efectos intersubjetivos en la función materna*. Tesis inédita para optar por el grado de Doctora en Psicología, Centro de Investigación transdisciplinar en Psicología, Universidad Autónoma del Estado de Morelos.

Velasco, F. (2021). *Cupido atrapado en la red*. El ejercicio amoroso en tiempos de la WEB y del COVID-19. Teledildónica y Digisexualidad. Editores de Textos Mexicanos.

Vertzner Marucco, A. (2014). El feminicidio hoy: lo familiar, lo ominoso y siniestro. In N. Reyes, & D. Berlín (Comps.), *Intolerancia a lo femenino* (pp. 87-94). Architecthum, COWAP, APM.

Vives, J. (2013). *La muerte y su pulsión*. Una perspectiva freudiana (pp. 281-296). Paidós.

11. Luzia e Leandro: abuso, horror e lucidez

Cândida Sé Holovko

Uma jovem e bela mulher de Moçambique, com sonhos de crescer profissionalmente e criar uma família unida, chega à periferia de São Paulo, sozinha. O pai, alcoolista desde sempre, abandonou a família quando Luzia tinha 11 meses, retornando só 9 anos depois totalmente depauperado e sem emprego. Sua mãe, mulher batalhadora e provedora familiar, nunca teve tempo para trocas afetivas com os filhos. Luzia vem para São Paulo para encontrar um homem de quem se encantara em sua cidade natal, e que em poucos meses torna-se seu marido. Após um tempo de casados e com sua vida profissional em ascensão – faz um curso técnico de administração e fica sócia de uma loja de roupas femininas – decidem ter um bebê que nasce prematuramente após uma gestação marcada por somatizações: diabetes, pressão alta. Nesse momento tão sensível na vida de uma mulher, ao estar distante de sua terra, sem o devido suporte do entorno social, com uma organização psíquica marcada por experiências traumáticas e por déficits de constituição egoica, desenvolve severa depressão pós-parto. Luzia, com traços claramente melancólicos, expressará a crueldade de seu superego por meio de acusações frequentes, culpando-se não só pelo parto de emergência, mas também pelo amamentamento interrompido, sentindo-se permanentemente insuficiente como mãe e como mulher. Aqui, a gravidez foi vivida como mais uma ferida narcísica em um quadro de organização psíquica com vazios de simbolização e falhas nas relações precoces. Experiências que impossibilitaram a constituição de um narcisismo estruturante e de uma subjetividade com contornos definidos.

Conta que viveu relação abusiva com o marido que bebia demais, gastava todo seu salário em jogos de azar, era muito ciumento e agressivo verbalmente. Quando sua filha tinha um ano e meio, separa-se e seu marido vai viver com outra mulher. Luzia, nesse período, sente-se muito sozinha e muito culpada por tudo, tão melancólica que por pouco não comete suicídio. Busca ajuda psiquiátrica e, nesse estado de fragilidade afetiva, conhece Leandro, que em menos de um mês já está frequentando assiduamente sua casa. Logo descobre que Leandro é casado. Decepcionada, procura separar-se dele, que não cansa de procurá-la, presenteá-la das mais diversas formas, jurando ser ela o amor de sua vida. Voltam a viver juntos alguns meses depois e vai ficando patente o grau de dominação que Leandro exerce na vida dela e o ciúme doentio, a ponto de estacionar o carro, todos os dias, na frente de sua loja e ficar observando-a. Luzia comenta que, na época, estava apaixonada e achava tudo lindo, interpretando o ciúme e o controle como cuidado. Com o tempo, Leandro tornou-se ainda mais ciumento, inclusive competia com a filha dela, chegando a agredir fisicamente a menina em sua ausência. Revolta-se e decide romper definitivamente com ele. Às vezes, ela se pergunta como deixou que tudo acontecesse. –*Estava cega?*. Só relatará em detalhes, após dois meses de psicoterapia, a cena traumática da tentativa de feminicídio.

Conta que uma semana após a separação e recusa contínua de qualquer contato com Leandro, ao sair do quarto da filha adormecida, depara-se em grande susto com Leandro no meio de sua sala, encapuçado todo de preto e alcoolizado. Tirando uma faca da cintura diz: *Estou aqui para te matar!* Ela, em choque, pergunta: *Como você entrou?* Ele rindo, diz que entra onde quiser. Na hora, pensou que se gritasse ele iria esfaqueá-la e acordar a filha. Cogitou que poderia usar um golpe de artes marciais que havia aprendido em seus treinamentos de defesa pessoal, mas o receio era que se não desse certo, ele poderia matar a filha também. Leandro, muito furioso, começou a passar a faca na garganta dela de um lado para outro dizendo que iria matá-la porque não admitia a separação. Na hora, ela pensou que deveria "entrar" na mente dele e falou: *Amor, estou arrependida, você está completamente certo, pera aí, eu quero ficar com você, é você que eu amo, vamos ficar juntos, vamos voltar agora mesmo.* Tentando acalmá-lo, disse: *Veja, te digo a verdade, eu estava olhando nossas fotos* (na verdade estava juntando as fotos para apagá-las) *Olha que casal lindo que fazemos!* Finalmente ele começou a se acalmar, enquanto ela tentava fazê-lo falar. Ele queria abraçá-la, fazer sexo com ela. Relata que fez a enorme besteira de perguntar como ele tinha imaginado que iria matá-la. Na hora ele ficou todo empolgado, parecia uma criança e disse: *Veja esse barbante, eu ia amarrar suas mãos assim, ia esfaqueá-la diversas vezes aqui, aqui, aqui... ia enrolar seu corpo em um pano e jogá-lo no matagal.* Nesse momento, o impacto emocional devido ao terror em Luzia transbordou e expressou-se no corpo, a cisão como defesa não foi mais eficaz e Luzia entrou em angústia automática, começou a tremer muito, em pânico por ela e pela filha, começou a rezar em voz alta e chorar desesperadamente. Com isso, Leandro ficou desconcertado e disse que iria embora. Conta que tudo durou muitas horas. Ao amanhecer, abalada e amparada por amigos, foram a uma Vara de Defesa contra a violência à mulher e conseguiu uma medida protetiva de urgência.

Essa situação vivida desencadeou um estado traumático permanente em Luzia (Freud, 1920), com sintomas de insônia, despertares angustiados com muita falta de ar, forte sudorese, característicos de angústia automática sem metabolização dos afetos por via psíquica. Além de hipervigilância ao sair na rua, forte retraimento, choro convulsivo e autorrecriminações frequentes. Agora, depois de um ano do acontecido, ao saber que Leandro foi chamado para julgamento, o medo estava voltando, pois temia que ele fosse vingar-se dela.

A cada minuto, uma mulher sofre algum tipo de violência sexual ou outro tipo de abuso físico no ambiente doméstico. Tendo em conta dados tão alarmantes, o que podemos fazer como psicanalistas?

A abordagem psicanalítica enfatiza a importância da escuta atenta das experiências traumáticas conscientes e inconscientes e a elaboração psíquica das consequências nos corpos e nas subjetividades das mulheres, assim como o papel do poder e das diferenças culturais no universo da violência de gênero. Privilegia também a escuta dos violadores, sabendo que são pessoas que sofreram distintas situações abusivas e que necessitam não somente desconstruir mandatos de violência, como também reconstruir suas subjetividades claudicantes.

Ao longo das sessões, o trabalho analítico com Luzia vai favorecendo o fortalecimento de seu ego e de sua pulsão de vida. Está menos deprimida, com menos somatizações, animada com o trabalho e desejando um novo relacionamento amoroso, apesar dos temores de repetir seu padrão de vínculo com os homens. Vamos notando como inicia as relações com alto grau de idealização e tendência a fundir-se com seu parceiro numa expectativa de preencher seus vazios afetivos e representacionais. Essa tendencia de investir em objetos narcísicos tem contribuído para seus vínculos simbióticos, abusivos e seu estado de melancolia.

Estela Welldon em seu livro, *Madre, Virgem,Puta* (1988), afirma que, em geral, "cenas de perversão em mulheres envolvem o próprio corpo ou a seus filhos vividos como extensões narcísicas. Enquanto que os homens tendem a projetar sua violência para fora, em direção ao objeto que causa a dor da alma". Segundo Welldon, muitas vezes há uma dança com a morte, como uma situação limite de desesperança e de terror ante ao temido buraco negro da melancolia. Dançar com a morte alude não só a um jogo perigoso entre vida e morte, mas também a uma defesa maníaca.

Aos poucos, Luzia vai revelando facetas de sensibilidade, criatividade e identificação com bons objetos. Surgem lembranças de uma tia materna a quem sempre admirou pela amorosidade, senso de humor e grande vitalidade. Eros vai tomando a frente sobre as pulsões tanáticas.

Quanto a Leandro, ao ameaçar de feminicídio sua ex-companheira, escancara os vínculos de um *mandato de violação* imperante há milênios em diferentes culturas, como a nossa, ocidental, que, segundo Segato (2003) refere-se a impulsos agressivos característicos do "sujeito masculino" em direção a quem mostra os signos e gestos da feminilidade (p. 22). Nesse ato, Leandro pretende escapar de sua vulnerabilidade, de seu precário narcisismo mortalmente ferido, obtendo a força, o poder e o domínio que foi ameaçado pela expressão de autonomia de sua companheira.

Essa urgência está ligada muito frequentemente à vivência de colapso psíquico no parceiro abandonado, como uma hemorragia narcísica que ameaça sua integridade existencial. Essas vivências de perda de si mesma com o abandono do parceiro também estavam presentes em Luzia, como evidenciado no momento da primeira separação. Sinais de perda de contato com a realidade e de manejo precário dos impulsos são evidentes em Leandro no episódio violento descrito.

Segundo a socióloga Connell (Connell & Pearse, 2015), foi-se delineando por séculos, diríamos por milênios, uma masculinidade patriarcal orientada à dominação e frequentemente violenta como padrão hegemônico que despreza a fraqueza, a emotividade, exalta a força, o poder, a hipersexualidade, a homofobia no homem, hierarquizando as relações de gênero. Essa masculinidade foi adotada apenas por uma minoria de homens, mas se tornou normativa como ideal de ser e exigiu que os outros homens se posicionassem em relação a ela e legitimasse a subordinação das mulheres que, muitas vezes, se colocaram como cúmplices nessa submissão e na perpetuação desse sistema hierárquico de poder, o que pode ser visto muito claramente nesse material clínico. De acordo com Connell e Pearse (2015), as dinâmicas de gênero e a produção de masculinidades tomam formas específicas também em contextos coloniais e pós-coloniais, como o nosso, pois a violência teve papel formador nessas sociedades. A autora associa o machismo latino-americano a esses contextos de dominação.

Referindo-se às violências de gênero contra o feminino, Glocer Fiorini (2019) afirma: "não é somente uma problemática pulsional nem só do complexo de castração masculino, mas se entrelaça com discursos sociais fortemente arraigados... abarca tradições, mitos, imaginários compartilhados que se expressam na vida cotidiana". No material clínico apresentado, podemos identificar nos atos de Leandro não só essas múltiplas determinações do contexto machista latino-americano, como também uma impulsividade que transborda e expõe a defesa narcísica onipotente contra a vivência de desvalimento. (Ele rindo, diz que entra onde quiser!).

A antropóloga Rita Segato (2003), na sua pesquisa com homens estupradores, constata na contemporaneidade uma sobreposição de dois sistemas sociais que subjazem os discursos de gênero: "um que eleva a mulher a um status de individualidade e cidadania igual ao homem, e outro que lhe impõe sua tutela... esta última é a regra que rege o gênero e segue demonstrando sua vitalidade inalterada" (p. 30).

Sabemos que as violências domésticas na contemporaneidade não podem ser consideradas, mesmo na psicanálise, como decorrentes simplesmente de patologias individuais, por serem atos intersubjetivos nos quais participam outros atores reais ou imaginários. Esses delitos, como amplamente descritos na literatura científica, estão atravessadas por discursos sociais, históricos, religiosos, étnicos, jurídicos que são compartilhados por uma comunidade e se perdem na origem dos tempos.

De acordo com Jessica Benjamin (2020), a negação do amor identificatório do menino pelo pai e o não reconhecimento de seu valor e potência parece estar historicamente conectada com o repúdio da feminilidade. Meninos fazem uma cisão dos seus aspectos vulneráveis e os projetam nas meninas vistas como carentes, medrosas e dependentes. Resultado também do medo à mãe primordial que o aprisione em uma relação de dependência e impeça a alteridade e a constituição de sua masculinidade. Também propõe que a diferenciação dos sujeitos deveria estar apoiada nas relações de amor e identificação dos progenitores (qualquer gênero que sejam) com seus filhos. Diz ela: "Para visualizar a igualdade de direitos e uma transformação da relação entre os sexos necessitamos de uma visão redentora da diferenciação, baseada na ideia de reconhecer o outro em sua alteridade!".

Frequentemente encontramos, no contato com mulheres abusadas, uma relutância a expor a situação de abuso e a denunciar seu agressor, que não é totalmente explicada pelas violentas ameaças do perpetrador. Acreditamos que a situação traumática disruptiva produziu na mente da mulher uma inundação de excitações, não metaforizadas, que impediram a constituição de uma cadeia representacional que desse conta do vivido, verdadeiros buracos no tecido das representações. Aproximar-se, rememorar algo que não pode ser inscrito como memória verbal, mas ficou marcada no corpo, produz geralmente uma angústia sem nome que leva a vítima ao evitamento do relato. Segundo Durban (2017), pessoas que viveram situações de abusos constantes podem expressar angústias anteriores às esquizo-paranoides: de dissolver-se, diluir-se, romper-se, perder os limites da pele, perder o sentido de orientação, angústias de cair em abismo eterno, ou seja, angústias que não podem ser nomeadas. Essas angústias arcaicas ameaçam a constituição do ego ligado ao tempo, ao espaço e aos vínculos amorosos. Luzia precisou de um tempo de intimidade na relação analítica, expondo situações de lutos patológicos não elaborados, antes de poder falar da cena traumática com Leandro.

Acreditamos também que a culpa pelo que foi eliciado em termos de excitação sexual no corpo da mulher também é uma outra fonte que leva ao silêncio das mulheres abusadas. Não é infrequente que muitas mulheres repitam situações de abuso, de autoagressões, de exposição a situações de perigo sexual e acidentes graves. É comum encontrar, na clínica de mulheres violentadas, forte depressão, transtornos alimentares, como anorexia e bulimia, além de doenças autoimunes entre outras; patologias estas muito conectadas com vivências profundas de invasão e rompimento do envoltório psíquico e corporal.

Por maiores que tenham sido as mudanças nas instituições socioculturais com respeito aos direitos das mulheres, das crianças e adolescentes, dos LGBTQIAPN+[1], constatamos uma inércia do sistema na desconstrução das posições hierárquicas do masculino e feminino, que levarão ainda muito tempo para terem suas inscrições alteradas no psiquismo individual e na coletividade.

Nas palavras de Valter Hugo Mãe, ao relatar uma cena de um personagem que ataca sua mulher quase até a morte, e muitas vezes ouvidas em situações de violência doméstica "tão louco de paixão estava, tão grande amor lhe tinha".

Podemos dizer que isso é amor?

---

1 Sigla que abrange pessoas que são Lésbicas, Gays, Bi, Trans, Queer/Questionando, Intersexo, Assexuais/Arromânticas/Agênero, Pan/Poli, Não binárias e mais.

Para mim, amor é o que diz Badiou (2009): "*É no amor que o sujeito vai mais além de si mesmo, mais além do narcisismo*" (p. 24). "No amor há uma separação ou disjunção que pode ser simplesmente a diferença entre duas pessoas e suas subjetividades infinitas..." (p. 31).

Referências

Badiou, A. (2009). Éloge de L'amour. Flammarion.

Benjamin, J. (2020). *Vulnerabilidad, repudio e violencia. A tragédia da masculinidad*. Texto apresentado no XIV Diálogo Latinoamericano Intergeneracional entre Hombres y Mujeres Comité Mujeres y Psicoanálisis de la IPA / COWAP 24 e 25 de abril, D.F. México "Poder, género y amor: perspectivas femeninas contemporáneas".

Connell, R., & Pearse, R. (2015). *Gênero:* uma perspectiva global. Tradução e revisão Marília Moschkovitch. São Paulo.

Durban, J. (2017). O "complexo do vitimizador" e suas vicissitudes no abuso de crianças. In C. Holovko, & C. Cortezzi (Orgs.) Sexualidades e gênero: desafios da psicanalise. Blucher.

Freud, S. (1920). Além do princípio do prazer. In S. Freud, *Edição Standard Brasileira das Obras Psicológicas Completas de Sigmund Freud* (Tomo XIV). Imago.

Glocer Fiorini, L. (2019). Hacia una desconstrucción de "lo femenino": discursos, lógicas y poder. Implicancias teórico-clínicas. In *Revista de Psicoanalisis (APA)*, tomo LXXVI, n.1.

Mãe, V. H. (2010). *O remorso de Baltazar Serapião*. Editora 34.

Segato, R. L. (2003). *Las estruturas elementales de la violencia*. Bernal, Universidad Nacional de Quilmes.

Welldon, E. V. (2018). *Mother, madonna, whore:* the idealization and denigration of motherhood. Routledge.

Parte V
Masculinidades hoje

12. Masculinidades

Virginia Ungar

Em primeiro lugar, gostaria de agradecer ao Comitê de Mulheres e Psicanálise (COWAP) da América Latina por este convite e, principalmente, por estar hoje com Sergio Nick, meu amigo e colega de gestão (que acabou recentemente) da Associação Psicanalítica Internacional (IPA). É também uma alegria compartilhar esse espaço com Ariel Sánchez, que convidamos para uma jornada do COWAP na APdeBa *Violência e gênero nas épocas do covid-19*, que ocorreu em maio de 2020, criada como estímulo para continuar pensando sobre o tema das masculinidades. Não só porque é uma questão de debate e aprofundamento na cultura de hoje, mas o objetivo de lhe dar uma perspectiva psicanalítica é quase uma obrigação para nós.

Vou voltar um pouco na história da minha abordagem do assunto. Agradeço sempre ao COWAP, não apenas pelo apoio constante em minha gestão como primeira mulher presidente da IPA, mas pelo fato de me fazerem pensar e estudar questões que não me eram tão próximas. Esse interesse colaborou com a decisão, tomada com

Sergio, de dar o título *O feminino* no Primeiro Congresso Internacional da nossa administração.

Em 2018, fui convidada como palestrante em um Congresso do COWAP na cidade de Los Angeles, EUA, intitulado *Enfrentando a misoginia: a dialética entre o teto de cristal interno e externo.* Foi em plena época do "Me 2" em Hollywood.

Lá apresentei um trabalho intitulado *Do sapato ao teto de cristal* (2018), que gerou um debate muito interessante, e fiz parte também de uma mesa redonda e de uma discussão.

Foi um congresso interdisciplinar, além de psicanalistas, falaram uma produtora e roteirista de Hollywood (Dana Calvo, *Good Girls*) e o ex-presidente da rede de televisão MTV (Stephen Kory).

O título de uma apresentação deste último foi *Storytelling and masculinity – Where do men stand now?* (Narrativa e masculinidade – Onde estão os homens agora?). E foi realmente emocionante, já que ele se dedicou a estudar a questão da masculinidade a partir do impacto social das campanhas publicitárias ou políticas.

Com base em fontes e pesquisas muito sérias, ele mostrou como o ideal de masculinidade é gerado em seu país, EUA, e como um movimento em direção à diversificação de narrativas sobre masculinidade estava ganhando impulso. Foi lá que eu ouvi falar sobre "hipermasculinidade" pela primeira vez.

Vou resumir brevemente sua apresentação com alguns dos dados que ele mostrou. Oito em cada dez homens se sentem "confinados ao que a sociedade espera de como um homem é". Ele também apresentou resultados de um estudo realizado em 2017 sobre o que significa ser jovem nos Estados Unidos (Heilman, Barker & Harrison, 2017) e descreveu os sete pilares do que caracterizam como *man box:*

1. Deve ter autossuficiência: um homem que fala sobre suas preocupações e medos não vai gerar respeito.

2. Deve agir rudemente: um homem que não responde com uma briga se for molestado é fraco, tem que agir mostrando força.

3. Deve ser fisicamente atraente.

4. Deve ter papéis rigidamente masculinos: não é bem visto se cozinha, costura, limpa a casa e cuida de crianças pequenas.

5. Deve ser heterossexual e homofóbico.

6. Deve mostrar hipersexualidade: um homem de verdade nunca deve dizer não ao sexo e deve fazer sexo com quantas mulheres puder.

7. Deve ser agressivo e exercer o controle: deve usar a violência se necessário e ter a última palavra nas decisões domésticas.

Alguns dados extras desse estudo derivaram do protótipo de masculinidade (*man box*):

- 40% daqueles que entraram nessa configuração *man box* tinham ideias suicidas, já entre aqueles que não entraram, apenas 17% tinham ideias suicidas;
- 54% cometem abusos sexuais perpetrados, em contraste com apenas 9% dos que não estão nessa "caixa".

Os resultados mostraram algo semelhante com o bullying, tanto pessoal quanto online.

Também gostaria de falar sobre o aspecto positivo dessa apresentação, já que a proposta de Kory é diversificar as narrativas sobre masculinidade. Isso eu pude perceber em uma recente campanha publicitária de um conhecido desodorante que, em alguns minutos, mostrava cenas de bebês, meninos e meninas, homens e mulheres em vários contextos clamando pelo "pai" que os abraça, conforta e beija.

Termina com a pergunta "O que torna um homem mais forte?". "Mostrar que necessitam". "O cuidado torna os homens mais fortes".

O congresso me incentivou a continuar pensando mais na questão dos gêneros. Estudos feministas que nasceram precisamente do campo das Ciências Sociais tinham – e com razão – o eixo na concepção de mulheres construída pela sociedade patriarcal. Era hora de questionar profundamente qualquer forma de binarismo. Não é apropriado falar de gênero no singular. Mulheres e homens e outras categorias devem se rever e se desarmar, se desconstruir no sentido mais derridiano da palavra, para não juntar as peças desalojadas, parar de voltar a reuni-las e fazê-las voltarem à sua forma original, isso só pode levar a algo novo.

E foi assim que convidamos Ariel, que não é apenas um estudioso do assunto, mas, como vocês ouviram, tem um importante cargo: é Diretor de Promoção de Masculinidades para a Igualdade do Ministério das Mulheres, Políticas de Gênero e Diversidade Sexual da Província de Buenos Aires.

No encontro de maio de 2020, Ariel começou dizendo algo que eu me lembro vividamente: "Já faz um tempo que se começou a *inquietar* o lugar dos homens cisgêneros".

A palavra *inquietar* me pareceu um achado e trouxe memórias de uma entrevista que eu tinha feito no ano anterior em um jornal amplamente lido em Buenos Aires, na qual a proposta era que eu deveria reagir ao que era formulado assim: "Os homens estão assustados frente à mulher empoderada". Aqui estão algumas das minhas respostas: em primeiro lugar, a palavra empoderado – que faz parte de alguns discursos atuais – não me parece adequada porque deixa uma sombra de mal-entendido sobre a noção de poder. O poder é algo que não é concreto, nem palpável, nem algo que se possua, é construído em processos que levam os seus tempos, sempre com base no consenso.

Em relação ao tema de hoje, parece-me melhor pensar em um dos sentidos do termo: o de poder como potência, de potência transformadora. Foi precisamente a isso que Julia Kristeva se referiu quando falou do feminino na sua capacidade transformadora, durante sua conferência inaugural do Congresso da IPA em 2019, "Prelúdio a uma ética do feminino" (2019).

Então, trata-se da mulher transformada e com capacidade de transformação, que rompeu com o mandato de silenciar sua voz e se fazer ouvir, se fez visível, que reclama, se mobiliza e tem gerado novas maneiras de fazer política, como o movimento *Not One Less* (Nem uma a menos) ou as mobilizações em favor da legalização do aborto na Argentina e em outros lugares.

A imagem da mulher em um lugar passivo tem a ver com mandatos culturais. E isso não é apenas atribuível aos homens, também foi aceito e transmitido por muitas mulheres. O tão falado processo de desconstrução envolve a todos nós.

Voltando ao tema das masculinidades, há uma posição masculina para a qual considero mais apropriada a palavra hipermasculinidade (e não masculinidade tóxica, como aparece em alguns textos), que é uma construção coagulada na sociedade patriarcal, um estereótipo, ligado à força, à atividade, ao tamanho dos músculos, ser "extravagante", dirigir carros velozes e caros, beber muito e mais detalhes que quase constituem uma caricatura.

Claro, essa posição naturalizada é construída como um lugar de dominação, poder e privilégio.

Como disse Ariel, essa construção foi perturbada (*inquietada*) pelos movimentos de mulheres e também pelas lutas pela diversidade sexual e de gênero.

O núcleo dessa *hipermasculinidade* é uma impenetrabilidade que não se refere só a "nunca ser penetrado sexualmente", mas opera também um nível simbólico.

Se propusermos agora um vértice psicanalítico, podemos dizer que um mecanismo eficaz dessa operação é violar, e assim penetrar outras pessoas, enfraquecendo-as. Podemos pensar nisso com mecanismos mentais, como projeção e identificação projetiva. A partir daí, quem executa essa operação exerce a dominação e consegue sustentar a posição privilegiada de dominação e controle. É por isso que a misoginia é um meio tão eficaz de policiamento cultural da vida das mulheres.

Na obra *Do sapato ao teto de cristal*, optei por reunir a noção de "teto de cristal" cunhada pela economia feminista com um objeto persistente no patrimônio cultural: o sapato de vidro da Cinderela. Na história, o príncipe experimenta o sapato que encontrou no baile da noite anterior em todas as mulheres do reino, até encontrar o pezinho que "cabe" no sapato de vidro. Como sabemos, a dona do sapato corresponde a um determinado modelo de mulher: o pezinho de uma mulher loira, branca, magra e delicada, excluindo assim todos aqueles que não caiam nessa suposta encarnação do ideal de mulher que ainda é válido hoje em dia, mesmo que as primeiras versões da história tenham sido contadas centenas de anos atrás.

Hoje me interessa ver como o príncipe não para de procurar aquela mulher que cabe perfeitamente naquele sapato. É assim que ele nos define a partir da visão patriarcal de uma mulher indefesa que deve ser escolhida e salva por um homem forte e poderoso.

Por isso, insisto que o trabalho de desconstrução dessas masculinidades é imprescindível, envolve todos os gêneros, e um passo importante, como mostra a campanha publicitária que mencionei antes, é reconhecer, para posteriormente integrar, a vulnerabilidade desses homens que se localizavam tão facilmente nas mulheres. Como psicanalistas, podemos fazer a nossa parte se concordarmos com essa visão e começarmos a exercitar para nós/nós mesmos/as.

Referências

Heilman, B., Barker, G., & Harrison, A. (2017). *The man box:* estudo sobre ser jovem nos EUA. Promundo, Unilever.

Kristeva, J. (2019). *Preludes to an ethics of the feminine*. Conferência Inaugural do 52º Congresso IPA.

Ungar, V. (2018). *From the glass slippery to the glass roof*. Artigo principal, COWAP Conference l, Los Angeles, 10 de novembro.

13. Por uma masculinidade cuir

Sergio Eduardo Nick

O instigante título desta mesa nos faz pensar sobre o masculino, e, por renitência, o homem. Se, por um lado, a psicanálise, desde o princípio, demonstrou que nem o feminino se refere apenas à mulher, nem o masculino ao homem, a norma comum tende a fazer esse tipo de aproximação. Aliás, penso que justo a revolução cultural pós-feminismo e as contribuições psicanalíticas foram responsáveis por um forte esgarçamento das noções de homem e mulher, bem como das definições de gênero que causaram a adesão de tantos conservadores às pautas anti-LGBTQIAPN+[1] da ultradireita. Desse modo, pensar as masculinidades hoje vem bem a propósito, pois nos permite alinhavar algumas ideias do ambiente cultural com o que seria próprio da clínica psicanalítica e suas teorias.

De acordo com Verztman, Cubria & Navega (2022), a psicanálise precisa continuar atenta ao impacto de binarismos sexuais datados,

1 Sigla que abrange pessoas que são Lésbicas, Gays, Bi, Trans, Queer/Questionando, Intersexo, Assexuais/Arromânticas/Agênero, Pan/Poli, Não binárias e mais.

impostos normativamente. Apesar do seu apelo oscilante desde o início da obra de Freud, certamente tal binarismo caminha na contramão de nossos marcos fundadores, os quais afirmam a pluralidade, a imprevisibilidade e o descentramento de um percurso analítico.

Os autores enfatizam a importância do aprofundamento da "distinção diferença/diversidade/multiplicidade" como base para uma escuta analítica que dê "um panorama mais bem acabado para a distinção entre gênero, sexo e Sexual" (Verztman, Cubria & Cesário, 2021). Importante ressaltar que o termo Sexual, com letra maiúscula, foi cunhado por Laplanche (2003/2015), tendo sido a opção de tradução de *sexuel*, termo que aponta para algo que estaria alocado entre gênero e sexo. Vamos ouvir as aclarações de Laplanche:

> *O gênero é plural. É geralmente duplo, com o masculino-feminino, mas não o é por natureza. É muitas vezes plural, como na história das línguas e na evolução social. O sexo é dual. Ele o é pela reprodução sexuada e também por sua simbolização humana, que fixa e engessa a dualidade em presença/ausência, fálico/castrado. O Sexual é múltiplo, polimorfo. Descoberta fundamental de Freud que encontra seu fundamento no recalcamento, no inconsciente, no fantasma. É o objeto da psicanálise. Proposição: O Sexual é o resíduo inconsciente do recalcamento-simbolização do gênero pelo sexo. (Laplanche, 2003/2015, p. 155)*

Bem, se o gênero decorre dos ensinamentos freudianos sobre a identificação na construção do Eu, cabe-nos lembrar que somos fruto das identificações masculina e feminina com o pai e com a mãe. Dependendo da prevalência dessas identificações em cada uma das figuras parentais, o Eu nascituro terá características que ultrapassam e extrapolam seu sexo biológico. Se acrescentarmos aí o seu narcisismo, ou sua forma de se relacionar com cada uma dessas figuras parentais, temos um conglomerado complexo e único a cada sujeito. A isso se soma "a construção das identificações sexuadas, concomitantemente no plano social e biológico, por conta de este remeter a uma discursividade. Trata-se de uma construção social desnaturalizada, a partir de um processo de relações, diga-se, relações de poder".

Ayouch (2019) propõe uma hibridação do discurso psicanalítico com os estudos de gênero, que teria como objetivo abrir as portas para considerar tanto as mutações antropológicas da contemporaneidade quanto os rearranjos em constante mudança referentes às formas de aliança, de filiação e de sexuação. Com esse objetivo em vista, será possível estabelecer um questionamento contínuo da naturalização do gênero em determinados discursos psicanalíticos (Ayouch, 2019, p. 159).

Redefinindo a questão em termos linguísticos, Lacan trabalha com uma conceituação de sexos majoritariamente sintática e não semântica, ou seja, o que estaria em jogo seria a função relação entre o masculino e o feminino enquanto estruturas dentro de um todo e, portanto, suas definições não poderiam ser descritas per se, enquanto significados absolutos.

Com base no que foi exposto anteriormente, proponho aqui pensar as masculinidades como uma matéria urgente e necessária, visto que os estudos, nas últimas décadas, centraram-se na feminilidade, assimetria que pode ter a consideração implícita de uma masculinidade essencial ou natural, ignorando a dimensão de construção dessa categoria (Muszcat, 2006).

A masculinidade pode ser definida como qualidade de masculino ou de másculo.

Segundo a nossa Wikipédia (2021):

> *Masculinidade é um conjunto de atributos, comportamentos e papéis geralmente associados a meninos e homens. A masculinidade é construída socialmente, mas*

> *composta por fatores tanto social quanto biologicamente definidos, distintos da definição do sexo biológico masculino. Ambos os homens e mulheres podem exibir traços e comportamentos masculinos.*

Temos hoje, portanto, uma discussão social bastante abrangente, no mundo ocidental, sobre o papel do homem na sociedade, bem como dos tipos de masculinidade existentes. Dessa forma, proponho-me a apresentar, a seguir, alguns dos tipos de masculinidade que foram discutidos na literatura sobre o tema nos últimos anos.

A masculinidade hegemônica é uma proposta amplamente aceita e defendida por Connell em seu clássico estudo *Masculinities* (1995). Esta última foi entendida como um padrão de práticas (i.e., coisas feitas, não apenas uma série de expectativas de papéis ou uma identidade) que possibilitou que a dominação dos homens sobre as mulheres continuasse. A masculinidade hegemônica se distinguiu de outras masculinidades, especialmente das masculinidades subordinadas, mas certamente ela é normativa. Ela incorpora a forma mais honrada de ser um homem exige que todos os outros homens se posicionem em relação a ela e legitima ideologicamente a subordinação global das mulheres aos homens. Por outro lado, Connell e Messerschmitt (2013), propõem que "ao mesmo tempo que acolhemos muitas das aplicações e das modificações do conceito de masculinidade hegemônica como contribuições à compreensão das dinâmicas de gênero, rejeitamos aqueles usos em que ficou implícito um tipo fixo de caráter ou um conjunto de traços tóxicos" (p. 273).

Esse conceito não deve se confundir com o de masculinidade positiva, que, segundo Asrieh, refere-se a uma masculinidade que não se restringe ao estereótipo de homem que foi alimentado por longos anos na nossa sociedade. Segundo o autor:

> *Através de um processo de desconstrução desse estereótipo, e da identificação de outras possibilidades de comportamentos e posturas diante das situações do mundo atual, acreditamos que os homens podem buscar novas possibilidades de agir na sociedade, e que acabam levando a uma relação mais saudável do homem consigo mesmo e com o meio em que convive. (Jusbrasil, 2020)*

Críticas ao machismo e às masculinidades opressivas construíram conceitos como a masculinidade tóxica, uma forma muito tradicional de "ser homem", recorrentemente imposta na formação de meninos e jovens, e que hoje, mais do que nunca, sabe-se que gera violência e desordem emocional tanto para mulheres como para os próprios homens (Castro, 2018).

Outro conceito decorrente dessas críticas configura-se a partir do que é chamado de masculinidade frágil, a qual teria como pilar a necessidade de uma constante reafirmação de um comportamento intempestivo e truculento.

Dunker e Bonduki (2021) nos informam que a masculinidade frágil chama duas ideias contrárias: num primeiro sentido, poderíamos pensar que é aquela masculinidade acuada pelas transformações pelas quais passou o lugar da mulher; aquela que não consegue mais encontrar o seu lugar; que não sabe qual é o roteiro/script para, de fato, se constituir como uma figura viril; aquele homem que estaria meio perdido. Frágil, portanto, teria esse primeiro sentido. Um segundo sentido apontaria para as masculinidades frágeis que se apresentam como excessivamente fortes; que não suportam a sua própria fragilidade/vulnerabilidade; que entendem todas essas transformações como ameaça narcísica por perda de poder, como se fossem uma afronta à sua potencial capacidade de violência.

Diante disso, o sujeito lida mal com o que ele percebe como uma incerteza, uma fragilidade, como uma transformação da identidade dos papéis. Ele reage exageradamente, quase que voltando a estereótipos que nem pertencem muito bem à nossa época. Nesse sentido, para o autor, a masculinidade frágil indicaria o anseio por voltar ao tempo em que havia "ordem", hierarquia. Ela seria, assim, um efeito da violência sofrida na educação, do sujeito em relação a si mesmo, da privação de afetos, da domesticação e controle do seu corpo (Dunker & Bonduki, 2021).

E assim chego ao ponto que quero propor para nosso debate. Em meus passeios pelos textos de autores que recentemente publicaram sobre a masculinidade, encontrei o termo masculinidade cuir (ou *queer*), que me remonta ao meu discurso na Abertura do Congresso da Associação Psicanalítica Internacional (IPA) de Boston, no qual mencionei o conceito *queer* e fui absolutamente ignorado por todos, menos meu colega Marco Posadas, que mais adiante terminaria por ser o primeiro *chair* do *Sexual and Gender Diversity Committee* da IPA. O termo *queer* na época, ainda estava fortemente ligado à ideia de algo fora da norma, ao patológico. Hoje, podemos estender o conceito de *queer* às masculinidades, e até, como propôs Brito (2021), naturalizá-lo para cuir.

Mas por que propor uma masculinidade cuir?

Perspectivas pós-estruturalistas levam alguns autores a defender que "a hegemonia supõe o caráter aberto e incompleto do social" (Laclau & Mouffe, 2015, p. 213). A hegemonia seria, portanto, um processo em que determinadas condições discursivas assumiriam, num momento, o lugar do todo ou de uma verdade a ser seguida por todos. Esses discursos hegemônicos não podem ser pensados como totalmente estabelecidos, mas como aqueles que lutam para atingir um maior número possível de adeptos. Tais lutas não se dariam sem oposições, tanto no campo social, como no interior do próprio sujeito.

Rodrigues (2009) propõe que se pense na dificuldade de se formar uma identidade estável à medida que tomemos em conta o sujeito descentrado, isto é, aquele que abriga em si um outro que o aliena. Tomando a noção derridiana, Brito (2021) afirma que a

> *masculinidade como um indecidível permite que se atribua um viés antiessencialista a seus sentidos, um movimento de deslocamento permanente, que não estabelece um lugar único e fixo para o masculino. Um deslizamento radical das solidificações e sedimentações de sentidos sobre a masculinidade (p. 6).*

A teoria Queer/Cuir se ancora nesses postulados para propor uma "instabilidade radical de sentidos para as identificações de sexo, gênero e desejo (...)" (Brito, 2021, p. 9). Nela, a desconstrução da categoria sujeito busca alijar as definições fixas tanto do desejo como de seu objeto para pensar os caminhos de subjetivação que cada um iria tomar:

> *Como uma nova política de gênero, a teoria queer dá sentido à centralidade da dissonância entre gênero e sexualidade, demonstrando possibilidades para que a sexualidade não seja constrangida pelo gênero, de modo a romper a causalidade reducionista de argumentos que vinculam as duas categorias e mostrar possibilidades para o gênero que não estejam predeterminadas por uma matriz heterossexual. (Brito, 2021, p. 9)*

A masculinidade Cuir seria portanto aquela pensada em uma perspectiva que: reconheça significações do masculino para além do essencialismo binário, heterossexual, cisgênero, racializado e classista, materializando essa performatização em corpos de sujeitos que se identificam como homens cis, trans, não binários, pretos, pardos, deficientes, de diferentes classes sociais, regionalidades, entre outras incalculáveis identificações. É reconhecer as contingências, a precariedade, a imprevisibilidade e a instabilidade com que a masculinidade é significada e materializada na contemporaneidade (Brito, 2021, p. 10).

Visando uma desestabilização de uma identidade fixa para o homem, a masculinidade Cuir propõe uma amplificação do desejo como própria do ser humano. Nela, cada um poderia se descolar das normas socioculturais que o limitam, para não apenas buscar a pluralidade e a multiplicidade, mas também acolher dentro de si as inúmeras contradições identitárias que o constituem. Aqui, é possível notar como tal proposta se aproxima da formulação, já descrita acima, do Sexual (Laplanche, 2003/2015) como objeto princeps da psicanálise.

Ainda segundo Brito (2021): A masculinidade queer/cuir/kuir se traduz em um horizonte que nega as estabilizações sedimentadas e que são forçosamente impostas para o masculino.

Enuncia performatizações que jamais se cristalizam, valendo-se dessa instabilidade radical para potencializar identificações inumeráveis do masculino, almejando a desidentificação como estratégia política potencializadora para afirmar a diferença sobre as significações da masculinidade (p. 10).

Dentro do ponto de vista clínico, a masculinidade cuir implica uma escuta do desejo possível para cada analisando. Nesse sentido, é interessante citar a leitura de Birman (1998), segundo a qual toda análise deveria possibilitar a constituição de circuitos pulsionais ligados a um campo de objetos de satisfação, fazendo com que seja possível a simbolização das forças pulsionais em representantes-representação. A partir disso, constitui-se como a condição *sine qua non* para a transformação da angústia do real em angústia do desejo, impossibilitando, pois, a instalação do horror do trauma.

O último autor ainda enuncia que o grande desafio com o qual o sujeito se depara em uma análise é a possibilidade de conseguir permanecer e suportar a dor provocada pela posição de desamparo e de feminilidade. Dessa forma, enunciar a posição radical do sujeito, no limite do desamparo e da feminilidade, seria outra forma de formular o efeito da experiência de castração na análise (Birman, 1998). Entretanto, ao ser colocado nessa posição limite, entre a vida e a morte, o sujeito pode constituir efetivas possibilidades de sublimação e de criação, por intermédio da construção de uma forma singular de existência e de um estilo próprio para habitar seu ser. Por estilo próprio, leia-se Cuir!

Referências e leitura sugerida

Ayouch, T. (2019). *Psicanálise e hibridez: gênero, colonialidade e subjetivações*. Calligraphie.

Birman, J. (1998). *Mal-estar na atualidade*: a psicanálise e as novas formas de subjetivação. Civilização Brasileira.

Brito, L. T. (2021). Da masculinidade hegemônica à masculinidade queer/cuir/kuir: disputas no esporte. *Revista Estudos Feministas*, *29*(2), e79309, 2021.

Butler, J. (2012). *Deshacer el género*. Paidós.

Castro, D. (2018). Ainda não sabemos se gays são bem-aceitos no vôlei, diz destaque da seleção. *Folha de São Paulo* [online]. https://bit.ly/2N24s3u

Connell, R. W. (2011). *Masculinities*. 10a ed. Polity Press, 1995.

Connell, R. W. & Messerschmidt, J. W. (2013). Masculinidade hegemônica: repensando o conceito. *Revista Estudos Feministas* [online] *21*(1), 241-282, 2013. https://doi.org/10.1590/S0104-026X2013000100014. Epub 09 Maio 2013. ISSN 1806-9584. https://doi.org/10.1590/S0104-026X2013000100014

Dunker, C. & Bonduki, N. (2021). *A Masculinidade frágil*. (58m30s). https://www.facebook.com/christiandunkerprofessor/videos/338819143967379.

Jusbrasil. (2020). Tribunal de Justiça de Mato Grosso do Sul. *Entenda o que é masculinidade*.

Laclau, E. & Mouffe, C. (2013). *A razão populista*. Três Estrelas.

Laplanche, J. (2003). *Sexual: a sexualidade ampliada no sentido freudiano 2000-2006*. Dublinense, 2015.

Muszcat, S. (2006). *Violência e masculinidade: uma contribuição psicanalítica aos estudos das relações de gênero*. Dissertação de Mestrado sob orientação do Prof. Dr. Nelson da Silva Jr., Instituto de Psicologia Positiva, tema do Prêmio de Jornalismo do TJMS.

Rodrigues, C. (2009). *Coreografias do feminino*. Editora Mulheres.

Masculinidade. Wikipédia, a enciclopédia livre. Foundation, 2021. https://pt.wikipedia.org/wiki/Masculinidade

Verztman, J. S., Cubria, A.C. & Navega, B. C. (2022). Diferença sexual e norma social: certas encruzilhadas para a psicanálise. In M. C. Poli; F. Costa-Moura & M. Mollica (org.). Fora do armário: a realidade sexual do inconsciente (Vol.1, pp. 183-200). Appris.

Parte VI
Novas parentalidades

14. Onde coloco o que encontrei: parentalidades em esboço

Mag. Graciela Cardó Soria

Onde coloco o que encontrei?
Nas ruas, os livros, a noite, os rostos
no qual procurei por você.
Silvio Rodríguez

Mais de uma vez, esse verso de Silvio Rodríguez me motivou a escrever. E o fato é que mais de uma vez, o que eu encontrei e li, o que eu conheci e vivi, não foi capaz de me ajudar a pensar, questionar e compreender a vida, suas mudanças e permanências. Isso me aconteceu quando me pediram para participar desta mesa redonda; o que era considerado novo até recentemente – pelo menos em meu país – é o passado e o presente de outros e, espero, nosso futuro.

Proponho pensar em paternidades em modo esboço verbal, ou seja, em trânsito, em esboço, apenas colocando as ideias iniciais sem mais instrumentos. Sou inspirado pelo poema de Benedetti, *Croquis para algún día*.

Lembrando o futuro

... doravante seremos a tribo desigual por um tempo assimétrico e desfasado...

Apresento, como pedra de toque, a memória de um amigo que vive em meu futuro; ele vive na Austrália, e foi ele quem me guiou nessas reflexões. Há algum tempo ele havia comentado que seu parceiro era o pai de dois meninos. Um casal de amigas lésbicas sugeriu que ele se tornasse doador de esperma. O pai – a quem chamarei Alan – aceitou, em suas palavras: entusiasmado, emocionado, honrado. A história se repetiu e hoje ele tem dois filhos. A mais velha, a quem chamarei Ana, tem 22 anos, e o mais jovem, Jim, 18. Ana o chama de *pai* e Jim o chama de *Alan*; a mãe biológica é *mãe*, e a outra é *Jean* ou *mãe falsa*. Atualmente são chamados *cuidadores,* há alguns anos eram chamados de *pais*, especialmente na escola ou com os pediatras. Alan está presente desde a gravidez e na educação; ele cuidou deles parcialmente e em tempo integral durante as férias e festas. Ele também se sentiu como um impostor, uma vez que eles não levam legalmente seu sobrenome. Eles estão em constante comunicação instantânea; ele se sente muito próximo a eles, preferindo se chamar de *cuidador periférico*. Ao falar com Alan, a ternura, o orgulho, a complexidade e a profundidade de seu relacionamento com seus filhos é clara. Ele é, sem dúvida, o que nessas latitudes chamamos de *pai em tempo parcial* em termos de tempo compartilhado com seus filhos, semelhante e até melhor que em casos de divórcio, e de qualidade superior, já que eles têm um vínculo muito bom de amizade com as mães.

Esse é um exemplo do que eu considero nova paternidade: a *cocuidada* e o papel do *cuidador periférico.*

Meu amigo do futuro também esteve envolvido na criação do filho de um casal de amigos, que concebeu a criança por meio de barriga de aluguel. A criança tem agora 10 anos de idade. Ele me diz: *Somos uma família, há várias tribos aqui, temos sido como um território sem mapa, temos desenhado à medida que avançamos... Somos um círculo de amigos ou pequenas tribos de 10 pessoas, sempre nos reunimos, como um clube social, todos nós viajamos com a criança.... Ele cresceu com todos, nós cuidamos dele, ele é bonito, tem um caráter muito especial, é feliz...*

Eu estava interessado em saber sobre a existência de um cuidador especial no grupo familiar descrito, e ele me disse que os pais são; entretanto, a criança poderia ser deixada aos cuidados de qualquer pessoa, todos sabiam o que fazer, e ele ficava tranquilo. Ele sempre recebeu o mesmo apoio de todos, sentindo-se seguro e confiante.

Esse é outro exemplo do que eu considero ser novo pai: *múltiplos cuidadores ou cuidadores tribais.*

Na mesma linha, considero *famílias formadas por pessoas transgêneros*, que muitas vezes se agrupam e cuidam umas das outras; ou *famílias atuais* que, na pandemia, se reagruparam com suas famílias de origem, em meu país, *cocriando* filhas e filhos.

Benedetti (1998) disse que "a partir de agora seremos a tribo desigual por um tempo assimétrico e desequilibrado", e talvez seja assim para aqueles de nós que se sentem questionados em nossos velhos conhecimentos, levando-nos a perguntar "onde colocamos o que encontramos".

O que foi encontrado, um estado da arte, " o futuro não é feito apenas pelos guardiões do passado também com os fundadores do presente".

A publicação de 1983 da *Parentalidade* (Anthony & Benedek) foi um marco na compreensão e pensamento sobre a parentalidade. O foco na reflexão sobre processos dinâmicos, afetivos e de união – não apenas nas relações entre pais e filhos, mas nos laços humanos em geral – contribuiu para destacar a natureza humana universal da doação, e em particular a condição dos pais.

Vinte anos mais tarde, Elisabeth Roudinesco publicou em espanhol *La familia en desorden.*

Sua pergunta inicial, *Por que este* desejo *por uma família*, ainda hoje é insistente. Refletindo sobre famílias monoparentais, famílias recompostas e desconstruídas, aquelas resultantes de técnicas de clonagem ou de fertilização assistida, ela dá uma olhada na maternidade e na paternidade. Ela lembrou que foi em 1892 que Émile Durkheim conceitualizou a *família conjugal* e a *família nuclear* típica da organização patriarcal ocidental; em 1898, ele acrescentou ao conceito o elemento social do parentesco sem consanguinidade, referindo-se aos membros de um clã. O século XX, além de ser o *século sexual* segundo Ethel Person, foi também o século da "maternização" da família nuclear (Roudinesco, p. 114), e a psicanálise fez uma contribuição especial, para o melhor e para o pior.

Testemunhamos o desdobramento das teorias pós-freudianas de funcionamento psíquico, que continuaram a destacar o papel do complexo de Édipo, o complexo de castração, suas ansiedades e resoluções. A autora menciona que Lacan enfatiza "que a família está organizada de acordo com *imagos*, um conjunto de representações inconscientes marcadas pelos pólos (sic) paternal e maternal" (p. 115). Uma grande contribuição lacaniana ao reconhecer o declínio do pai, transformando-o em uma *função paterna, um nom du pere, um papel simbólico interditório*. Lemos e fomos gratos a Melanie Klein, que – nas palavras de Green – implantou o complexo materno na psicanálise. Nunca mais deixamos de lado as primeiras experiências da criança, que, no Ocidente, era geralmente cuidada quase exclusivamente pela mãe. Começamos a falar do primário e fundante, e não mais do arcaico e primitivo.

Para Roudinesco, a família do futuro na época eram: as famílias homoparentais (assim chamada na França) e famílias lésbicas ou gays (nos Estados Unidos), uma forma de paternidade inicialmente realizada por mulheres. Naquela publicação, ela via como utópicos aqueles que imaginavam a procriação fora do ato sexual, o uso de úteros de aluguel ou a fertilização in vitro. Ela pensava que

> *além de todas as distinções que podem ser feitas entre gênero e sexo, a sexualidade materna e feminina, a sexualidade psíquica e o corpo biológico, o desejo de uma criança sempre terá algo a ver com a diferença entre os sexos, e não*

> *apenas duas mães, uma das quais desempenha o papel de pai, ou dois pais, um dos quais se disfarça de mãe. (p. 213)*

Outro marco: 2016, a publicação do livro do XI Diálogo Inter-regional latino-americano entre homens e mulheres IPA-COWAP realizado em 2014, *Parentalidades e gênero: seu impacto sobre a subjetividade.* Mais de dez anos após o livro de Roudinesco, muita água correu sob as pontes. Nesse Diálogo, as famílias liminares foram incorporadas à reflexão, aqueles que estavam à margem da teorização psicanalítica, aqueles que nos deixaram desconfortáveis de sua invisibilidade, aqueles que, questionando *o que encontramos*, nos encorajam a continuar o trabalho pioneiro desse comitê.

Um conceito central para minhas reflexões sobre novos paternos vem de Mariam Alizade, que na época disse: "Proponho chamar estes fenômenos de novidade de inclusão parental de libertação da paternidade" (2016, p. 26). Ela chamou o contexto sociocultural de "quarto conjunto complementar", afirmando que eles moldam "novos destinos". Diversas fantasias sobre a procriação já são realidades por intermédio das diversas técnicas de geração, gestação e criação de filhos e filhas. Vários trabalhos apresentados nesse Diálogo mostraram que a maternidade clássica e a paternidade não eram garantia de felicidade, bem-estar ou patologia. A noção de "paixão infantil" (Alkolombre, 2008) foi acrescentada ao nosso paradigma psicanalítico, além do gênero.

Eva Rotenberg e Agrest Weiner (2007) nos apresentaram reflexões sobre o homoparentalidades; ficou claro que, independentemente dos sexos do casal que cria os filhos, eles podem exercer um "terceiro, um apoio, e estes podem ser compartilhados e/ou funções alternadas" (2016, p. 144). Ela chamou isso de "a função parentais".

O conceito de "função terceira" proposto por Leticia Glocer (2016), a chave para o exercício simbólico da cultura e dos cuidadores, além do gênero, permanece em nossa escuta como uma ferramenta que nos leva a uma compreensão psicanalítica das novas paternidades.

Outra contribuição fundamental foi dada por Mariam Alizade com a noção de "função familiar", em suas palavras: "subjetividades em rede que sustentam (ou colapsam) a psique, em um espaço ramificado de elos que ultrapassam a família nuclear convencional". Nessa rede, as filiações biológicas coexistem com as "filiações de estrangeiros" (2016, p. 28). Isso se refere aos vínculos que o bebê forma com importantes pessoas próximas, que compõem um "mapa identificador e pulsional". Eles desempenham um papel essencial na conformação e estruturação do aparato psíquico do ser humano. Viñar (2000) se referiu a isso como a "matriz do grupo"; meu amigo a chama de uma tribo. Janine Puget (2016) destacou a importância da "diferença diferida" (conceito de Derrida, 1989), para insistir que, nos laços e relações, o que é valioso é o que está acontecendo, o devir e seus efeitos, o projeto, a solidariedade, a incondicionalidade e – sublinho – o amor, que é o mais valioso e que sustenta. Green também dirá que a vida humana depende do amor.

Uma qualidade que considero essencial quando penso em famílias, pais e cuidadores é a de se tornar. Virgínia Ungar (2016) destacou isso quando disse que os pais nos faziam pensar no cruzamento de se tornar mãe e se tornar pai.

Quero enfatizar que existe também o tornar-se filho e filha, e que eles adotam emocionalmente seus pais, moldando ou não, o que tradicionalmente e atualmente conhecemos como família e paternidade.

Perguntas

Eu sabia que em um período de tempo finito
todas as coisas acontecem a todos os homens.
(Borges, *The Immortal*, 2019, p. 23)

Na contemporaneidade, o moderno e o pós-moderno coexistem, antigas e novas famílias também. O que eu já chamei de *novas paternidades* já existiu antes. A educação tribal, vários cuidadores de diferentes gêneros e filiações (consanguíneos ou não), têm estado presentes. O que os tornam diferentes e novos hoje? As abordagens teóricas dessa questão estão relacionadas, no meu entendimento, aos desejos, da ordem da vontade, de unir-se aos cuidados da prole desta forma: três cuidadores ou um grupo exercendo a função de família, sustentando uma vontade de querer procriar (Rey, 2016) e de cuidar.

No entanto, a história de Plutarch sobre o veleiro Theseus (Laplanche, 1993) nos contou como o navio estava trocando peças em sua viagem devido aos danos causados pelo tempo, de modo que quando chegou ao seu destino, todas as suas peças foram renovadas. Se tudo foi mudado, *perguntaram eles*, ainda é o veleiro de Theseus? (p. 45). Da mesma forma, se mudarmos as origens da família, as formas de concepção, gestação, os sexos, gêneros e números dos pais, se eles tiverem outro nome, e assim por diante, ainda é uma família? Ou teríamos que pensar em outro nome que os represente melhor?

Do latim *famulus,* significava escravo ou servo. A paternidade, por outro lado, vem do latim *parentalis* e designa aquilo que está relacionado aos pais ou parentes. Talvez a família hoje seja mais neutra, abrindo-se a antigas e novas configurações de cuidadores ligados ou não pela consanguinidade.

Uma psicanálise viva e aberta, questionando matrizes de pensamento e compreensão, me leva a imaginar que ela "explodiu", como Maud Manoni descreveu Bonneuil, sua instituição explodida, em 1982. Ela também o chamou de *Um lugar para se viver.* Do lugar de não saber em que me coloco, os novos pais são aqueles que nos mostram novas maneiras de construir, de escolher, de adotar. Prefiro falar de "outros" em vez de "novos", escolho pensar neles como lugares onde e para viver; quantos cuidadores as crianças podem ter?

Fui treinado em psicanálise com noções que priorizavam o papel do cuidador primário, guardião do desenvolvimento ou da obturação da psique da criança. Um expoente principal disso foi John Bowlby com sua teoria de apego, herdeiro da marca principal. Em 1992, Tronick, Morelli & Ivey estudaram a Efé, uma comunidade no norte do Zaire, onde as crianças não têm um, mas múltiplos cuidadores que passam mais de 50% de seu tempo com eles. Os bebês Efé interagem com até cinco adultos por hora e são atendidos por outras pessoas além de suas mães. Os autores explicam esse *padrão de cuidado* através das variáveis que caracterizam a comunidade Efé: trabalho, responsabilidades comunitárias, o ecossistema em que crescem, valores culturais. As autorrepresentações das crianças Efé podem ser explicadas por seus vínculos em rede, e não, como entendemos com Bowlby, por apenas alguns vínculos, sendo o mais importante aquele que elas costumam ter com a mãe nas sociedades ocidentais. Seria produzido pelo *modelo de cuidado e contato* (CCC: *Care and Contact Model*).

Foi levantada a hipótese de que, como produto desses múltiplos cuidadores, Efé cresceria com níveis mais altos de sensibilidade do que as crianças de culturas ocidentais, e com uma quantidade maior de "bases seguras", pois o vínculo de ligação não é construído apenas com a mãe, mas com vários cuidadores. Portanto, eles podem ter uma maior necessidade de companhia – ao contrário das culturas ocidentais – pois nunca estão sozinhos e estão sempre à vista de alguém. Deve-se notar que o Efé pode não desenvolver também as habilidades de autorregulação, pois na infância havia sempre um adulto para ajudá-los a se autorregularem. Esse exemplo ecoa a tribo de cuidadores que inicialmente compartilhei com vocês. Ela desafia alguns dos princípios teóricos que, como ensinados no passado, eram considerados universais.

> *Onde coloquei o que encontrei: parentalidades em esboço*
> *. . . todos nós somos desvendados por um passado*
> *ilumina um presente. . .*

Algumas das características foram descritas em pesquisas sobre famílias de pais do mesmo sexo, e foram relatadas por Alan sobre seus filhos, descritas como carinhosas, amigáveis, solidárias, atenciosas, não julgadoras, conectadas. De sua parte, o pai tem orgulho e admiração por seus filhos, vendo-os crescer e se divertindo, participando das atividades diárias com eles. Ele não se descreve como fazendo as regras, mas sim respeitando-as, e sendo alguém que escuta aberta e honestamente seus filhos e mães. Parece haver três bases seguras ou luzes-guia nessa família. Essas histórias (de Alan e dos Efés) me levam a optar por questionar e realocar o conceito psicanalítico de apego, entre outros, em esboços.

Uma das atribuições da *função familiar* em um *grupo familiar* é a sensibilidade (Messman *et al.*, 2016) que, nos casos expostos, ocorre em uma rede de cuidados entre os cuidadores. Um elemento basal nos vínculos de ligação ocorreria em redes de cuidados parentais e familiares em que cada um facilita e cobre deficiências, relaxando as pressões, à medida que as responsabilidades são compartilhadas. A base segura seria estabelecida com vários cuidadores, e mais especificamente pelo e com o tecido de ligação criado. Faço eco do que Green disse: no humano, a vida depende do amor, do cuidado, independentemente do número de membros da família e de suas dinâmicas. A união destaca o desejo de filhos, o compromisso com as funções, uma matriz identificadora que carrega caminhos diferentes daqueles *encontrados* em nossas teorias; a diferença sexual, as funções maternas e paternais, a bissexualidade, a escolha do objeto de identificação do amor, o masculino, o feminino e o neutro, as adoções psíquicas recíprocas entre os membros da tribo familiar.

Coloco o que encontrei na pluralidade das diferenças, nas funções, nas escolhas e identificações, nas interdições, nas várias mitologias que graficam o humano, Édipo Rex ou em Colonus, Demeter, Antígona, Atena, tudo o que leva ao surgimento da vida psíquica em relação a uma vida semelhante, que é diferente ao mesmo tempo, tolerando a tensão e a não resolução.

Lembrando que o que eu chamei de novas paternidades certamente existiu há muito tempo, como o Ayllu dos Incas ou o kibutz em Israel – certamente configurado com outros determinantes sociais, econômicos, culturais, políticos e inconscientes –, no que eu chamei de atuais: o *grupo familiar-tribo*, o desejo e o amor, a necessidade gregária de criar juntos; talvez tudo já tenha sido dito e "não há nada de novo sob o sol". É por isso que sempre me lembrarei disso: "Todo homem deve ser capaz de todas as idéias (sic) e eu entendo que o futuro será" (Borges, 2016 p. 43).

Referências

Alizade, M. (2016). A libertação da parentalidade no século XXI. In *Parentalidades e gênero. Su incidencia en la subjetividad.* Letra Viva.

Alkolombre, P. (2008). *Deseo de hijo.* Pasión de hijo. esterilidad y técnicas reproductivas a la luz del psicoanálisis. Letra Viva.

Alkolombre, P., & Sé Holovko, C. (Eds.) (2016). *Parentalidades e gênero. Su incidencia en la subjetividad.* Letra Viva.

Anthony, J., & Benedek, T. (1983). *Parentalidade.* Paidós.

Benedetti, M. (1998). Esboços para um dia. In *Inventario I.* Alfaguara.

Borges, J. L. (2016). Pierre Menard, autor de Dom Quixote. In *Ficciones.* Sudamericana.

Borges, J. L. (2019). O imortal. In *El Aleph.* Debolsillo.

Bowlby, J. (1983). Uma base segura: aplicações clínicas de uma teoria de fixação. Paidós.

Glocer, L. (2016). A nostalgia do pai: função paterna ou terceira função? In Parentalidades e gênero. Su incidencia en la subjetividad. Letra Viva.

Verde. A. (2003). El pensamiento clínico. Amorrotu.

Laplanche, J. (1993). El desvío biologizante de la sexualidad en Freud. Amorrortu.

Mannoni, M. (1982). Um lugar para se viver. Editorial Crítica.

Messman, J., Minter, T. & Angnged, A. (2016). Sensibilidade recebida: Adaptando a escala de Ainsworth para capturar a sensibilidade no contexto de múltiplos cuidadores. Fixação e desenvolvimento humano, 18 ("), 101-114.

Puget, J. (2016). Um mundo enigmático: nada é como era então. In Parentalidades e gênero. Su incidencia en la subjetividad. Letra Viva.

Rey, M. A. (2016). Estamos grávidas? Fantasias implantadas no processo de transferência embrionária. In Parentalidades e gênero. Su incidencia en la subjetividad. Letra Viva.

Rotenberg, E. & Agrest Weiner, B. (2007). Homoparentalidades, nuevas familias. Editorial Lugar.

Rotenberg, E. (2016). A paternidade do mesmo sexo e o pensamento sobre a gênese da definição de gênero em crianças. In Parentalidades e gênero. Su incidencia en la subjetividad. Letra Viva.

Roudinesco, E. (2003). La familia en desorden. Fondo de Cultura Económica.

Tronick, E. & Morelli, G. (1992). O padrão de relações sociais da Efé foranger infantil e infantil: múltiplo e simultâneo. Psicologia do desenvolvimento, 28(4), 568-577.

Ungar, V. (2016). Teorias de origem das crianças. In Parentalidades e gênero. Su incidencia en la subjetividad. Letra Viva.

Viñar, M. (2000). Crianças fora da lei. A violência da exclusão. In Journal of Psychoanalysis. Edição Especial Internacional, 2000, 7.

15. Parentalidade, desejo de filho e filiação

Patrícia Alkolombre

Não há filiação sem transmissão.
A filiação é a primeira rede simbólica,
recebida "sem razão", mas a serviço da razão.
Guy Rosolato (1992)

A família delimita os laços de filiação, parentesco e descendência. Em todas as sociedades, encontramos formas de união entre homens e mulheres e, por convenção, o chamamos de "casamento". É uma legalidade que permite dar uma filiação, uma pertença às crianças, uma inscrição social das mesmas. Essas representações garantem e fortalecem o vínculo social e atribuem à criança por nascer um lugar de identificação e a seus pais uma estrutura estável para o exercício das funções maternas e paternas.

Hoje encontramos a família "em desordem", parafraseando Roudinesco (Roudinesco, 2005). Por um lado, encontramos a clássica família nuclear heterossexual – a maioria da população – junto com novas configurações, como as famílias mistas (pós-divórcio), famílias monoparentais (feminino, masculino e dentro do coletivo de diversidade sexual) e famílias homoparentais (casais gays e lésbicas). É assim que diferentes projetos de filiação coexistem hoje no exercício de papéis maternos e paternos.

A maternidade e a paternidade não são apenas a expressão de um desejo singular, mas respondem simultaneamente às necessidades sociais e seus parâmetros variam de cultura para cultura. Eles são regulados pelo universo simbólico fazendo uso da linguagem, mitos, normas e valores específicos de uma cultura.

Em meados dos anos 1980, com o advento das técnicas reprodutivas, as transformações ocorreram nas filiações da paternidade. Desde então, a sexualidade e a reprodução se bifurcaram, as crianças podem ser concebidas fora da vida sexual.

De repente nos encontramos com uma pluralidade de mães: mãe adotiva, mãe genética, mulher que engendra em casos de maternidade substituta. O que nos leva à pergunta: quem é a mãe? Aquela que fornece o útero, aquela que doa o ovo, aquela que adota. Poderíamos também perguntar quem é o pai? Aquele que fornece o esperma, aquele que procria, aquele que dá o nome da família.

René Frydman, um ginecologista francês que participou da equipe de fertilidade do primeiro bebê de proveta nascido na França, propõe a medicina de substituição (Frydman, 1986), quando se substituem órgãos (barriga de aluguel) e células (óvulos e espermatozoides) empurrando as origens da vida para novos cenários de filiação.

Podemos afirmar que nascer hoje deixou de ser algo conhecido e familiar para se tornar uma nova alquimia na qual os corpos e suas partes são combinados, substituídos e modificados de acordo com as exigências, deslocando fantasias e mitos arcaicos sobre a autoengendramento para o plano da realidade.

Por sua vez, Michel Tort, em seu livro *O Desejo Frio* (Tort, 1992 [1994]), argumenta que esses avanços médico-tecnológicos abalaram nossas referências simbólicas, à maneira das feridas narcisistas evocadas por Freud, transformando identidades, formas de parentesco e filiação.

Sobre o desejo de filho

O desejo de filho é um tema central nesse percurso. É o produto da elaboração de um desejo inconsciente, particular em cada sujeito e tem ressonâncias e formas de processamento diferentes. É também a base sobre a qual será construída a pré-história da criança por nascer, uma pré-história que está inscrita nas fantasias dos pais. Do ponto de vista teórico, ele se situa na conceituação freudiana dentro do campo do desenvolvimento libidinal feminino, como um desejo de ordem fálica que culmina na equação pênis = criança. Está associado na menina com o desejo do pênis e com a "inveja do pênis" no Édipo feminino. Segundo Freud, a menina "renuncia ao desejo do pênis a fim de substituí-lo pelo desejo de um filho, e para isso toma o pai como objeto de amor" (Freud, 1925).

Também está ligado em suas origens à etapa pré-edípica na qual a criança toma a mãe como modelo e por identificação deseja ser uma mãe como sua mãe (Freud, 1931; 1933). Da mesma forma, o desejo do filho também está ligado à libido pré-genital proveniente da fase anal – nas equivalências que Freud aponta "fezes-pênis-filho-dinheiro-presente" (1917), o filho como "lumpf".

E finalmente, os componentes narcisistas estão presentes: "Sua Majestade, o bebê", um representante do narcisismo (Freud, 1914). Podemos nos lembrar de Freud quando ele aponta que "o ponto mais espinhoso do sistema narcisista, essa imortalidade do ego, que a força da realidade pressionou duramente, ganhou sua segurança ao se refugiar na criança".

Nessa frase, podemos ver a presença do campo de ligação que é gerado entre os pais e as projeções de seus desejos sobre seus filhos, quando ele aponta que "o comovente amor dos pais, tão infantil no fundo, nada mais é do que o narcisismo redivivo dos pais".

O desejo pelo filho em Freud é assim enquadrado como um desejo de ordem fálica associado ao desejo pelo pênis na mulher, que deriva na inveja do pênis e é atravessado pelos componentes pré-genitais, anais, pré-edípicos e edípicos e com aspectos centrais do narcisismo.

Hoje nos perguntamos sobre o desejo de uma criança além da equação simbólica imersa em uma lógica fálica e binária, e expandir suas fronteiras, e o caráter hegemônico que se apresenta para a mulher. Um único campo de desejo nessa estrutura teórica.

Nesse sentido, Leticia Glocer Fiorini aponta uma diferença entre um filho como o efeito de uma demanda, um filho com um valor fálico que vem da equação simbólica, e se propõe a pensar no desejo de filho como uma "produção desejante". Ela argumenta que "o reconhecimento de uma alteridade radical no filho gera a possibilidade do novo, do reconhecimento do diferente, da criação de uma experiência além das fronteiras do narcisismo" (Glocer Fiorini, 2001).

Piera Aulagnier levanta a diferença entre o desejo de filho e o desejo de gravidez e aponta que, no desejo de filho, a criança é considerada como um objeto diferenciado da mãe, e implica o abandono da posição narcisista, pois pressupõe a possibilidade de enfrentar as deficiências da mãe. Por outro lado, no desejo de gravidez, a criança é um objeto não diferenciado e uma unidade ilusória está em jogo, e é o filho que restaura a unidade narcisista perdida (Aulagnier, 1992).

Sabemos que há sempre a tentação e a possibilidade do filho ocupar o lugar de uma nova ilusão orientada para completar imaginariamente a mulher. Nessa linha, tenho trabalhado no que se chama "uma criança a qualquer preço"; são buscas de gravidez que me chamaram a atenção e nas quais se recria um vínculo narcisista-passional como filho: você será meu ou de ninguém.

Isso me levou a pensar em um destino da maternidade: a passagem de um desejo por um filho ao que eu chamo de "paixão por um filho". A criança se torna um objeto único e insubstituível e o destinatário do amor materno. São buscas de gravidez com características particulares que têm uma intensidade e fixidez incomuns, mesmo ao preço da autodestruição (Alkolombre, 2003, 2008). São mulheres que realizam um tratamento após o outro, há movimentos sacrificiais e thanáticos associados a rotas médico-tecnológicas. Nesse movimento, elas procuram recriar um estado de fusão com o objeto originário que falhou na infância, por intermédio da maternidade.

A paixão pelo filho é a forma adquirida pelo sofrimento do ego submetido ao ideal da maternidade e é acompanhada por uma certa naturalização de um desejo tipicamente feminino. Embora existam diferentes linhas teóricas e pontos de vista na escuta analítica, o campo de desejo da mulher está quase totalmente saturado na maternidade. Nesse sentido, deixo como uma questão em aberto a reflexão sobre esse ponto.

Outro dos temas presentes nesse campo é o lugar do desejo de um filho no homem (Alkolombre, 2001, 2009, 2013). Não há dúvida de que as novas paternidades presentes na cultura atual – homoparentalidades e monoparentalidades masculinas – nos levam a investigar nesta direção. Um campo pouco explorado da parentalidade.

Diferentes caminhos na parentalidade

O "desejo por um filho" apresenta diferentes caminhos para ser pais, e em alguns casais, ele surge dentro de diferentes projetos parentais. Entre eles, quando existe um dilema entre a adoção e o uso de técnicas de fertilização assistida. Isso abre um universo de significados, com múltiplas questões.

Até não muito tempo – cerca de quatro décadas atrás – quando um casal achava impossível conseguir uma gravidez, eles tinham dois caminhos a seguir: ou iniciar a transição para a adoção ou aceitar uma vida sem filhos. Atualmente, com os avanços da medicina reprodutiva, as possibilidades de criar uma família se expandiram de forma sem precedentes, e podemos falar de uma diversidade nas formas de acesso à paternidade.

Como nessa primeira entrevista de casal:

> MARTA: *O que está errado é que não há esperma, nós já fizemos todos os testes.*
>
> JUAN: *Tudo isso é muito ruim para nós.*
>
> MARTA: *O problema é, vamos ter um bebê do útero ou por adoção? Porque Juan quer um "bebê do útero" e eu quero a adoção.*
>
> JUAN: *Eu preferia que ela experimentasse a maternidade...*
>
> MARTA: *Eu preferiria a adoção, para poder ter um bebê e saber de quem é o bebê.*

Juan permanece em silêncio.

> MARTA: *O que estou pensando é em como essa família poderia ser com uma criança adotada ou através de um esperma doador.*

No casal Marta e Juan, o desejo de um filho está presente desde o início do casamento e a situação da consulta traz consigo muitas dificuldades para ambos. Está em jogo o projeto dos pais com as diferenças na filiação.

Eles estão unidos por uma aparente igualdade: pertencem a famílias com profissões similares, ideologias religiosas comuns, são ambos irmãos do meio em grupos familiares tradicionais nos quais a descendência tem um papel muito importante – laços de sangue. Portanto, a impossibilidade de ter filhos geneticamente próprios era uma situação complexa para ambos.

No momento da consulta, era imperativo que eles chegassem a um acordo e pudessem montar um projeto. A partir do tema "bebê do útero ou por adoção", as diferenças entram em jogo. Novas imagens emergem de como será a família: com crianças nascidas por intermédio da fertilidade assistida ou adoção.

Às vezes eles não conseguem imaginar a criança que virá e as imagens que emergem retornam cheias de medos. *His majesty the baby* não vem inicialmente porque não é um reflexo dos corpos de seus pais – com quem se parecerá? Mas vem de origens desconhecidas, nas quais toda a incerteza é projetada e deslocada.

O espaço terapêutico – na criação de um útero mental – é o lugar privilegiado para elaborar os significados particulares que o lugar do desejo de uma criança adquire em cada vínculo e em nível individual, e para trabalhar com os processos de subjetivação que estão presentes em cada caso.

Conclusão

Até o momento, a criança biológica é uma categoria já construída pelo imaginário social e a criança adotada deve construir sua filiação, que depende do reconhecimento, que ela tem um nascimento duplo, e a criança que nasce por técnicas reprodutivas está em uma categoria em processo de construção.

Referências

Alkolombre, P. (2001). Esterilidad masculina: ¿un continente negro? In *Jornadas de infertilidad, adopción y fertilización asistida: nuevos avances, nuevas problemáticas*. APdeBA.

Alkolombre, P. (2003). Parentalidad y nuevas técnicas reproductivas *Revista de Psicoanálisis, LXII*(3).

Alkolombre, P. (2008). *Deseo de hijo. Pasión de hijo. Esterilidad y técnicas reproductivas a la luz del psicoanálisis*. Letra Viva.

Alkolombre, P. (2009). Nuevos escenarios masculinos en fertilidad asistida: un vientre para él. In el libro *del VIII Diálogo COWAP IPA: El padre. Clínica, género, posmodernidad*. SPP.

Alkolombre, P. (2013). La paternidad y el deseo de hijo en el hombre: vicisitudes en los procesos de subjetivación. *Revista de la Asociación Escuela Argentina de Psicoterapia para Graduados, 34*.

Aulagnier, P. (1992). Qué deseo, de qué hijo. *Revista de Psicoanálisis con niños y adolescentes*, 3.

Freud, S. (1914). *Introducción del narcisismo*, A. E., XIV.

Freud, S. (1917). *Sobre las trasposiciones del la pulsión, en particular del erotismo anal*, A. E., XVII.

Freud, S. (1925). *Algunas consecuencias psíquicas de la diferencia sexual anatómica*, A. E., XIX.

Freud, S. (1931). *Sobre la sexualidad femenina*, A. E., XXI.

Freud, S. (1933). *La femineidad*, A. E., XXII.

Frydman, R. (1986). *L´irresistible désir de naissance*. Presses Universitaires de France.

Glocer Fiorini, L. (2001). *Lo femenino y el pensamiento complejo*. Lugar Editorial.

Rosolato, G. (1992). La filiación: sus implicancias psicoanalíticas y sus rupturas. *A Revista de Psicoanálisis con niños y adolescentes*, (3), 1992.

Roudinesco, E. (2005). *La familia en desorden*. Fondo de Cultura Económica.

Tort, M. [(1992)1994)]. *Le désir froid. Procréation artificielle et crise des repères symboliques*, Editions La découverte, [Traducción cast.: El deseo frío. Procreación artificial y crisis de las referencias simbólicas]. Ed. Nueva Visión.

16. Parentalidades: algumas formas de expressão

Jurenice Picado Alvares

Há o outro universo, o do coração do homem,
do qual nada sabemos e que não ousamos investigar.
Estranha distância cinzenta separa
nossa pálida mente do continente fremente
do coração do homem.
Precursores apenas desembarcam na praia
E nenhum homem sabe, mulher alguma conhece
o mistério do interior quando, ainda
mais obscuros que o Congo ou o Amazonas,
correm os rios de plenitude,
de desejo e de dor do coração.
D. H. Lawrence (McDougall, 1997, p. IX)

Introdução

Para falarmos de parentalidades, precisamos observar as variadas formas de conjugalidade que desencadeiam as configurações familiares contemporâneas, envolvendo um ajuste do viver a dois e em família de um modo geral e estendendo a outros vínculos que demandam uma socialização importante em meio a diferentes arranjos.

Esses arranjos ocasionam mudanças nos paradigmas de origem da psicanálise, fazendo-se necessário reconsiderarmos os conceitos adotando um pensamento reflexivo na tentativa de gerarmos indagações evitando respostas dogmáticas.

Hoje, há maior visibilidade das famílias monoparentais e ampliadas – como nos novos casamentos em que os casais já têm filhos de uniões anteriores – formando, assim, outros tipos de vínculos familiares.

Este é um momento histórico social em que observamos separações entre o sexual e o reprodutivo, o sexual relacional e, mais recentemente, as conjugalidades e parentalidades.

Surgiram as famílias pós-modernas com nova estruturação familiar, caracterizada por entrelaçamentos de sentimentos de amor e cumplicidade entre os casais e filhos. Casais que se constituem independentemente de identidades de gênero e eleições de objeto: casais homoafetivos, casais formados por pessoas transexuais, travestis e de outras diversidades sexuais e de gênero em diferentes combinações, que optam por adotar ou por gerar filhos por meio de tecnologias reprodutivas avançadas.

São transformações tanto nos sistemas de parentescos como nas possibilidades de filiação, implicando mudanças nos processos de subjetivação que atingem as estruturas dos sistemas simbólicos, apresentando a identificação de uma pessoa no âmbito social desde o registro civil: seu nome, sua filiação e identidade sexuada (Fiorini, 2015).

Organização familiar

No século XXI, ter um filho é um direito humano e o desejo de formar uma família se expressa fortemente nos casais não sexualmente convencionais. Segundo Alizade (2016), essas expressões de desejo de organização familiar para fora do marco social e cultural estabelecido há séculos constituem um movimento de liberação da parentalidade a todos os fenômenos de inclusão parental.

Antes, em 2004, Alizade já havia manifestado a importância do conceito de quarta série complementar, estimulando a investigação dos fatores sociais, culturais, históricos e políticos na organização do psiquismo, que atravessam as três séries complementares descritas por Freud (1937), assinaladas, na atualidade, como uma interação entre fatores biológicos e ambientais.

Assim, os imperativos de época do mundo externo se internalizam na mente por meio do superego e condicionam tanto os pensamentos como a criação das teorias.

Se, em 1924, Freud escreveu que a anatomia era o destino, em 2016 Alizade deu um novo passo na discussão afirmando que os contextos socioculturais configuram novos destinos e que, com o surgimento das novas parentalidades, instalaram-se requisitos de ordem interna na consideração de um projeto saudável adulto para se criar uma criança.

No Brasil, desde 2015, por lei, toda pessoa tem direito a formar uma família.[2] Assim, a função parental passa pelo reconhecimento social e por um espaço interno de devoção aos filhos. Tal função não depende de fatores externos, como registros de filiação, nem da heterossexualidade. Um outro pode ter essa função e cumpri-la muito bem, importando a saúde mental de quem a exerce, seja de forma conjunta ou monoparental.

O fundamental é que as crianças sejam desejadas e que haja responsabilidade da função parental no cuidado, e essa qualidade não tem relação com o sexo biológico dos pais.

---

2 A homossexualidade deixou de ser considerada doença no CID-10, em 1990. Em 2011, a união estável foi reconhecida. Em 2013, foi regulamentada a celebração do casamento homoafetivo e, em 2015, o STF reconheceu a adoação homoparental.

O desejo de ter filho não é exclusivo de casais heterossexuais e cada vez mais encontramos casais homoafetivos que procuram por adoção ou biotecnologia.

Ilustrarei essa questão com trechos de duas entrevistas e seguirei com a situação de uma família constituída por uma pessoa transexual.

Entrevista I

No ser que chamamos homem
vive também uma mulher;
na mulher, também um homem.
Que um homem pense em gerar
um filho não é estranho
– estranho é que isso tenha que ser
negado com tanta obstinação.
Georg Groddeck (McDougall, 1997, p. 103)

Um casal de homens buscou o processo da adoção no Brasil, por ser um país que reconhece a adoção homoparental desde 2015[3].

Um deles era brasileiro e foi estudar em outro país, onde conheceu o seu marido. Depois de dois anos, casaram-se e queriam ter um filho. Como o local onde residiam não aceitava que casal homossexual adotasse, eles resolveram vir para o Brasil. Entraram num grupo de apoio, a Vara da Infância os recebeu, tiraram dúvidas e conversaram a respeito.

Passado um tempo, receberam um comunicado para que comparecessem ao fórum para conhecer a história de vida de uma menina de nove meses que fora abandonada na rua aos oito dias de vida, sendo recolhida por um policial que a levou para o abrigo.

3 Youtube: @mariana kupfer; @amarmaternidade.

Um dos pais conta que aquele foi o dia mais emocionante da sua vida. O outro diz que sentiu muito por não ter tido direito à licença paternidade[4] e revela que deixava uma peça de roupa com o seu cheiro com a criança porque não queria ser apenas o pai provedor.

A filha é preta e eles contam sobre o preconceito que sofreram por serem um casal branco, e completam dizendo que ser diferente é um dom e faz você ser forte, que quem tem o desejo já é pai, que a aceitação social seria maior caso fossem mulheres e brancas, preferencialmente de classe média, e afirmam: "Ou você é feliz ou agrada os outros. Optamos por sermos felizes".

Comentários

Esses pais expressam uma relação de amor e devoção. Ser adotado é ser amado e cuidado na travessia da criança à vida adulta, em um espaço familiar, de vínculos, que constituem as subjetividades em uma rede que sustenta o psiquismo. Segundo Alizade (2016), essa é a "função da família", pois toda parentalidade é adotiva. A função é simbólica, e a função da família é produzir alteridade. Ressalto que um/a filho/a biológico/a também precisa ser adotado/a pelos pais e estes também devem ser adotados pelo/a filho/a.

Falamos de desejo de filho e não de "paixão de filho" (Alkolombre, 2019), em que aspectos narcísicos estariam presentes comprometendo o desenvolvimento. No processo de subjetivação dos filhos, há um ponto muito importante que é reconhecer a alteridade, uma função simbólica que implica uma saída do narcisismo – poder olhar

4 Existe um programa chamado Empresa cidadã, administrado pela Receita Federal, que concede benefícios fiscais para empresas que oferecem aos funcionários o prolongamento da licença-maternidade e da licença-paternidade. Prorroga por mais 60 dias a licença-maternidade e por mais 15 dias, além dos cinco já estabelecidos, a duração da licença-paternidade (Lei 13.257/2016).

o outro em sua singularidade, com respeito e tolerância ao diferente. Essa é uma função essencial na constituição do sujeito psíquico.

Conforme citado pelos pais na entrevista, a paternidade vem de uma construção a partir de como foram criados. Eles trazem a importância de sentir-se desejado pelo pai e filho do pai. Assim, um pai paternando é um aspecto da masculinidade a partir da função paterna vivenciada, além do reconhecimento do seu próprio lado feminino, bissexualidade inerente ao ser humano, franqueando assim o fantasma da feminilização.

Trago uma explanação de Bleichmar (2015), do meu ponto de vista muito pertinente. Ao escrever sobre o processo de construção do sistema sexo-gênero, ela cita que as teorias explicam o desenvolvimento da feminilidade ou masculinidade utilizando o conceito psicanalítico da identificação da criança com o pai ou com a mãe. Porém, atualmente, com as investigações no campo psicanalítico, esse conceito foi expandido, enfatizando a importância do processo de identificação na direção do adulto à criança (pp. 117-8). Esse conceito traz a importância do adulto, por um lado, reconhecer e responder à masculinidade ou feminilidade do menino/a e, por outro lado, a incorporação por parte do menino/a de uma relação mais do que uma figura.

Dessa forma, quando um menino se identifica com a figura materna, ele internaliza como núcleo da sua identidade a relação que sua mãe tem com ele, como pessoa de outro sexo. Quando se identifica com a figura paterna, interioriza a relação com a pessoa do mesmo sexo. O mesmo ocorre com as meninas. Constata-se, assim, a existência de um movimento no processo de identificação.

Na atualidade, afirma-se que uma identidade masculina/feminina é principalmente construída a partir da identificação com as atitudes conscientes e inconscientes do adulto em relação à sua masculinidade/feminilidade, um reconhecimento intersubjetivo.

Entrevista II

> *A necessidade de conciliação das duas partes da natureza da mulher é um problema antiquíssimo. ... É antes uma questão de como ela vai se adaptar aos princípios masculinos e femininos que, de dentro, governam seu ser.*
>
> Esther Harding (McDougall, 1997, p. 3)

Um casal de mulheres em que uma delas gerou o filho com espermatozoides comprados.[5]

Elas haviam pensado em adquirir de um amigo, mas compreenderam que, se fosse dessa forma, o doador teria que registrar a criança. Porém, elas queriam o registro do filho no nome das duas, e foi o que aconteceu.

Ao contarem a história, relatam que, no hospital, constava o nome das duas mães na placa de identificação que fica na porta do quarto e que tiveram muito medo do preconceito, mas superaram. Na opinião delas, influenciou positivamente o fato de serem brancas, profissionais independentes, com curso superior e mulheres. Pensam que se fosse um casal de homens, certamente seria mais difícil. O comentário condiz com a afirmação feita na entrevista anterior.

Também receavam como seria na escola e dizem que hoje as escolas começam a ter uma maior escuta e sensibilidade diante dos casos. Por isso, não sentem mais medo e até dão como exemplo o *dia dos pais*, comemorado como o *dia da família*. Uma outra preocupação era com a presença de uma figura masculina no convívio familiar, o que se efetiva por meio da presença dos avôs e padrinhos do menino.

---

5 Youtube: Maíra Lemos. Filho de duas mães.

Elas dizem que o preconceito ainda existe, mas que hoje há mais respeito. E contam que o filho se refere a elas como *mãe 1* e *mãe 2*. Quando cai, busca pela *mãe 1*, quando quer brincar, chama a *mãe 2*. São funções parentais que podem ser compartilhadas e/ou alternadas (Rotenberg, 2015).

Comentários

A psicanálise, interessada na construção da subjetividade, olhou para o corpo além do seu revestimento corporal, isto é, o corpo além do concreto e a palavra se apresentando como a via régia que dá conta da insistência pulsional, que nos estimula frequentemente (Alvares Picado, 2017).

Podemos pensar no papel dos corpos nos processos de fertilização assistida e os possíveis efeitos no campo representacional e nos processos de subjetivação. Parte de um corpo estranho no interior do próprio corpo (doação de gametas). Estamos diante de casos que são paradigmáticos das novas maternidades. Ao mesmo tempo, paradoxalmente, essas tecnologias se distanciam do natural ainda que os corpos e a biologia se façam presentes.

São corpos construídos que desafiam as leis naturais, e, para alguns casais, o fato de não conhecerem o doador pode ter um caráter ameaçador – por conta da ansiedade e temores sobre a sua origem, por fantasiarem enfermidades contagiosas e genéticas, ou mesmo por sentirem ciúmes em relação a um terceiro.

Fantasias também podem ocorrer na adoção, mas a diferença é que, neste caso, os limites corporais são mantidos. Ou seja, não houve penetração, combinação e união de fragmentos de corpos, gametas, em uma intervenção corporal e material (Fiorini, 2015).

Rodrigues (2020) diz que, para a psicanálise, o corpo alude ao soma indissociavelmente articulado com o psíquico, e o que importará "é o corpo subjetivado, atravessado pela pulsão e pela linguagem, o corpo marcado de histórias, sede de sensações, afetos e representações" (p.183).

Entre os laços afetivos – família constituída por transexual

Considerando a rosa como símbolo
universal do amor,
podemos também olhar aquilo que
precede e prepara a flor
– não apenas o caule e as folhas,
mas as raízes, intrometidas
no solo da mãe terra, rica de nutrientes, e no entanto
fervilhando de minhocas e lesmas e abundante de
possibilidades. Devemos olhar a roseira inteira.
H. Wrye & J. Welles (McDougall, 1997, p. 35)

Como ilustração de família constituída por transexual, apresento breve relato de um filme japonês intitulado *Entre-laços* (2017), dirigido por Naoko Ogigami, que conta a história de Tomo (Rinka Kakihara), uma menina de 11 anos, de pai desconhecido, que mora com sua mãe e é discriminada na escola. Ela cuida da casa enquanto sua mãe sai para trabalhar e volta tarde e alcoolizada.

Tomo manifesta curiosidade sexual, conversa com as colegas sobre os meninos, observa roupas íntimas de sua mãe. Questões próprias à sua idade.

Em casa, não há diálogo entre mãe e filha. Também não existe uma preocupação materna com relação à alimentação da filha – sua refeição é sempre a mesma: bolas de arroz compradas na loja de conveniência. A casa tem aspecto de abandonada.

Existe uma situação que é recorrente: quando sua mãe conhece um homem, pede demissão do trabalho e vai embora de casa com o namorado sem conversar com a filha. O abandono é uma situação já conhecida por Tomo e por seu tio Makio (Kenta Kiritani), a quem ela procura e com quem passa a residir até sua mãe voltar para casa depois de levar um fora, conforme diz seu tio. Ele considera a irmã uma irresponsável.

Dessa vez, Makio, no caminho para sua casa, conta para Tomo que não está mais vivendo sozinho – há uma pessoa com quem ele se importa e da qual gosta muito. Adverte que ela é incomum e que está esperando por eles em casa.

Tomo tem uma reação de ciúme que logo é dissipada ao conhecer Rinko (Toma Ikuta), uma mulher trans, pessoa atenciosa, cuidadosa, com *rêverie* (Bion, 1959/1988), que oferece *holding* (Winnicott, 1982), possibilitando que Tomo descubra o verdadeiro sentido de família.

Com Rinko, Tomo tem a possibilidade de expor suas curiosidades, sensivelmente percebidas e conversadas entre elas – sobre os seios de Rinko e sobre a transexualidade dela – propiciando compreensão.

Na dinâmica familiar, encontramos um tio que coloca ordem e orienta que ela cuide de suas coisas, enquanto Rinko a penteia, prepara sua lancheira e consegue lidar respeitosamente com os desabafos e a fúria da menina.

Um certo dia, Tomo chega à escola e na lousa está escrito que sua família é uma aberração. Ela é discriminada e segregada. Surge a intolerância ao diferente e o preconceito. Tomo sofre, chora pela situação traumática do abandono e pela incompreensão escolar e social.

Ocorre uma situação no supermercado na qual Tomo e Rinko encontram um colega da escola e a mãe do menino lhe diz que deve ficar longe de pessoas assim, como Rinko. Tomo se ofende e reage furiosamente. Ao ser repreendida por Rinko, que busca orientá-la, pergunta como ela faz quando sente muito ódio. Rinko responde que faz tricô, em que cada ponto é um xingamento, e Tomo pede para aprender. Rinko a ensina e lhe pergunta o que gostaria que fosse confeccionado para ela – se um par de luvas, um casaco, cachecol. Tomo responde que sua mãe nunca lhe comprou nada de lã, ou seja, nunca a agasalhou, supriu suas faltas e carências.

Em um diálogo de Tomo com seu tio, ela pergunta como ele conheceu Rinko. Ele responde que foi na clínica onde sua mãe, avó de

Tomo, vivia e que se apaixonou assim que a viu. Achou-a linda, sensível e nada mais importou.

Diante da revolta da sobrinha pelo abandono materno, ele explica que pais e filhos são pessoas que às vezes não se dão bem, ou que talvez se amem muito, mas que abandonam.

Um certo dia, o serviço de proteção à criança vai até casa do tio, pois denunciaram que aquele não seria um bom ambiente para Tomo. Ao final, a assistente social se retira convencida de que Tomo está bem.

A mãe, Hiromi, volta para buscar Tomo. O tio reage, repreende a irmã, adverte e comunica que Rinko gostaria de cuidar de Tomo, que se preocupa com ela e a ama.

Hiromi responde que é impossível que Rinko a ame, e justifica que age daquela forma porque é uma mulher, e que isso vem antes de ser mãe, levando-a a precisar, às vezes, de uma pausa.

Rinko, que até então permaneceu calada, entra no diálogo em defesa de Tomo, respondendo que antes de ser uma mulher, uma mãe deve proteger seu filho, como algo humano e adulto.

Hiromi responde de forma ofensiva que ela nunca será uma mãe. Tomo reage dizendo que Rinko fez suas refeições, amarrou seu cabelo, ensinou a tricotar, dormiu com ela e pergunta: *Por que você não faz isso? Por que não veio me buscar mais cedo?*.

A resposta foi: *Porque eu não sei como fazer, eu queria saber, mas eu não sei e às vezes isso me mata.*

Depois da discussão, o tio diz à irmã que Tomo odeia as bolas de arroz da loja de conveniência, que ela não sabe nada a respeito da filha, que não tem responsabilidade e pergunta quando será a próxima vez que fugirá.

Hiromi parece perceber sua incompetência e Tomo decide ajudar a mãe. A menina diz que voltará para casa e que cuidará dela, mas, antes, precisa de um tempo e irá no outro dia.

Aquela noite foi reservada a uma despedida. Tomo procura Rinko e dormem juntas, abraçadas. Quando Tomo adormece, Rinko vai tricotar. Ela confecciona dois seios e entrega a Tomo quando se despedem.

Comentários

Podemos pensar em um objeto transicional (Winnicott, 1975)[6] servindo de sustentação, ao qual Tomo poderá recorrer diante de alguma possível adversidade. Uma função parental, de responsabilidade e cuidado.

Penso em Rinko, uma pessoa comum que se descobriu diferente de seus pares e familiares, rompeu barreiras sociais indo ao encontro dos sentimentos, estabeleceu uma relação de casal e deseja construir uma família.

Lynch James diz: "Para um homem, viver a sua vida num corpo que não pode sentir é, creio eu, a mais solitária solidão" (McDougall, 1997, p. 145).

Em relação ao desejo de Rinko de ter um filho, de formar uma família, reitero que isso não é exclusivo de casais heterossexuais. Cada vez mais encontramos casais homoafetivos e casais construídos por transexuais que procuram por adoção ou biotecnologia para realizar esse desejo.

Tomo vivenciou o verdadeiro significado de uma família com seus conflitos, cuidados, parcerias.

A inserção de uma pessoa no simbólico dependerá dos mecanismos psíquicos existentes e em qual contexto familiar e social está inserida, e distintos tipos de subjetivação sexuada com diferentes conflitos poderão ocorrer.

---

6 Trata-se da mudança do estado de dependência para o estado de independência em que a percepção objetiva é possível e permitirá ao indivíduo deslocar-se da dependência na direção da independência.

Fiorini (2015) assinala que as crises dos referenciais simbólicos nem sempre são ataques à ordem simbólica – eventualmente elas podem ser o ponto de partida de novas formas de ordenamento simbólico.

Para Ogden ([s.d.], citado por McDougall, 1997, p. 167), " uma das coisas mais integradoras e, portanto, de maior sustentação que temos para oferecer a um paciente é o poder dos símbolos verbais para conter e organizar pensamentos, sentimentos e sensações ... Isto é, os símbolos ajudam a criar-nos como sujeitos".

Palavras finais

> *Talvez seja impreciso supor que um dado indivíduo é necessariamente "heterossexual" ou "homossexual".*
>
> Joyce McDougall (1999, p. 24)

Ao se referir à parentalidade, Joyce McDougall (2015) escreve:

> *O mais importante não é a homoparentalidade ou a heteroparentalidade e sim a capacidade de ser pai. Isso é o que conta: a capacidade de amar a criança, de educá-la para que possa tornar-se um sujeito. Que este sujeito seja vivo, ativo, dinâmico, que ame a liberdade e desenvolva a sexualidade. Pais que possam identificar o filho em seus desejos e em suas necessidades e que desejem abri-lo ao mundo e a sua necessidade. Que sejam homo ou hetero não tem nenhuma importância.*

Espero que a sensível história do filme e os dois testemunhos nas entrevistas possam servir a possíveis reflexões sobre a forma como a psicanálise vê essas questões, trazendo atualizações na direção do desenvolvimento teórico e clínico.

Penso que as parentalidades, funções parentais e famílias devem ser construídas na base da alteridade, já que o reconhecimento do outro proporciona o acesso às diferenças. A alteridade é uma condição que considero, entre outras, ética.

Estamos diante de uma clínica em transição e inevitavelmente as teorias também estão em transição. Reitero a importância de olhar o outro como ele é, em sua singularidade, sem nos cegar. E sugiro desenvolvermos a capacidade negativa proposta por Bion (1970), que, ao se referir à clínica, nos diz que devemos permanecer em um estado de dúvidas e incertezas, não apressar a formação de significados e renunciar às verdades absolutas.

Afinal, nos diz Fernando Teixeira de Andrade em seu poema *Tempo de Travessia:*[7]

Há um tempo em que é preciso abandonar as roupas usadas,
que já tem a forma do nosso corpo,
e esquecer os nossos caminhos que nos levam sempre
aos mesmos lugares.
É o tempo da travessia:
e se não ousarmos fazê-la,
teremos ficado, para sempre,
à margem de nós mesmos.

Referências

Alizade, M. (2016). La liberación de la parentalidad en el siglo XXI. In *Parentalidades y género: su incidência en la subjetiidad*. Letra Viva.

7 www.pensador.com/poema_tempo_de_travessia/.

Alkolombre, P. (2019). O desejo de filho e a paixão de filho na parentalidade contemporânea. In R. Viola Vives (Org.), *Reflexões psicanalíticas sobre reprodução assistida.* Sulina.

Alvares Picado, J. (2017). A garota dinamarquesa: Lili Elbe. In *Ide: psicanálise e cultura. Sociedade Brasileira de Psicanálise de São Paulo* (Vol. 40, p.64). Interpretações da Cultura.

Bion, W. R. (1959/1988). Ataques ao elo de ligação. In R. W. Bion. Estudos psicanalíticos revisados (Série Analytica, pp. 87-100). (Wellington Marcos de Melo Dantas, trad.). Imago.

Bion, W. R. (1970). *Atenção e interpretação: uma aproximação científica à compreensão interna na psicanálise e no grupo*. Imago, 1973.

Bleichmar, E. D. (2015). La construcción de la identidade del menor en la família homoparental. In E. Rotenberg, & A. B. Wainer, (Comp.), *Homoparentalidades: nuevas familias*. Lugar Editorial.

Fiorini, L. G. (2015). El desejo de hijo. Ideales, discursos y mandatos. In *La diferencia sexual en debate: cuerpos, deseos y ficciones*. Lugar Editorial.

Freud, S. (1924). O Eu e o Id, autobiografia e outros textos (1923/1925). In *Obras completas* (Vol. XVI). Companhia das Letras, 2011.

Freud, S. (1937). Moisés e o monoteísmo. In *Obras completas* (Vol XIX). Companhia das Letras, 2011.

McDougall, J. (1997). *As múltiplas faces de Eros: uma exploração psicoanalítica da sexualidade humana*. Martins Fontes.

McDougall, J. (1999). Teoria sexual e psicanálise. In P. R. Ceccarelli, *Diferenças sexuais.* Escuta.

McDougall, J. (2015). *Epígrafe. In E. Rotenberg, & A. B. Wainer, (Comp.), Homoparentalidades: nuevas familias.* Lugar Editorial.

Picado, J. (2020). *Além da lógica binária: diversidade sexual.* Palestra no Instituto Horizontes. Coord. Renata Vives Viola, 23/7/2020.

Rodrigues, A. (2019/2020). Psicanálise, despatologização e subjetivação: corpos, sexualidades e gêneros. *Alter – Revista de Estudos Psicanalíticos*, *36* (1/2), 181-200.

Rotenberg, E. (2015). La homosexaulidad y el deseo de un hijo: su impacto en la parentalidad. In E. Rotenberg, & A. B. Wainer (Comp.), *Homoparentalidades: nuevas familias.* Lugar Editorial.

Winnicott, D. W. (1975). Objetos transicionais e fenômenos transicionais. In D. W. Winnicott, *O brincar e a realidade.* Imago.

Winnicott, D. W. (2001). *Holding e interpretação* (S. M. T. M. de Barros, trad.). Martins Fontes.

Parte VII
Masculino, transgeracionalidade e cultura na contemporaneidade

17. A violência de gênero: uma questão intergeracional e/ou transgeracional

María Antonieta Pezo

A violência de gênero é cada vez mais alarmante, sublinhando que o número de casos de feminicídio no contexto atual da pandemia e do isolamento social cresceu (Campos *et al.*, 2020). Cabe destacar que essa violência é uma marca sócio-histórica que vem se arrastando ao longo dos séculos. Alguns autores destacam que se trata de expressões das relações próprias de um sistema patriarcal, no qual o que predomina é o poder masculino. No entanto, pensamos que além desse tipo de considerações, a partir da clínica com famílias de imigrantes, que as violências levam marcas de alianças inconscientes, transmissões psíquicas intergeracionais e transgeracionais.

Abraham e Torok (1978, 1987) diferenciam ambos os tipos de transmissão, as intergeracionais se dariam entre duas gerações que têm entre si contato direto, e as transgeracionais se dão entre gerações que não tiveram contato entre si. Uma caraterística fundamental das transmissões, de acordo com Kaës (1997a), é que elas estariam marcadas pela negatividade: "a partir do que não advindo, o que é a ausência de inscrição e de representação, ou o que, sob a forma do encriptado[8], está em êxtase sem estar inscrito" (Kaës et al.,2006, p. 24). Posteriormente, destaca que: "o que se transmite seria assim preferencialmente o que não se retém, aquilo que não se lembra" e também aquilo que assegurar as "continuidades narcisistas" (Kaës, 1997b, p. 14).

Na clínica com casais e famílias, encontramos marcas de violência principalmente dirigidas ao corpo feminino, poucos são os casos em que a mulher responde com golpes. Lembro de um caso em que a mulher se queixava do marido maltratá-la e, numa consulta vincular, ele se justifica dizendo que ela também responde com golpes. Escutamos relatos de violências diversas: o sofrimento de uma infância expectadora da violência física do pai maltratando a mãe, e muitas vezes, ato seguido com os filhos.

Em consultas terapêuticas com Rosa, ela conta ter sido vítima de uma situação de violência extrema quando tinha apenas 6 anos, a mãe, logo depois de tentar matar a irmã dois anos mais velha, quando estava por golpeá-la com um machado, é salva pelos vizinhos trazidos pela irmãzinha, que tinha fugido do arrebato materno.

Rosa nos traz diversos relatos de violências infringidas por diversos parceiros, uma das vezes, ela é encontrada desacordada (inconsciente) na rua, sangrando, golpeada, quase sem roupa, sem se lembrar como chegou ali. Quando consulta no Centro de Integração do Migrante (CIM) – ela vivia ao lado do centro com seu companheiro, com que depois de fases de tranquilidade, surgiam períodos de violência. Em uma das sessões, ela comparece com ele, já que ele desconfiava dela e não sabia se realmente ia se consultar, os convidamos a entrar

8 No dicionário, significa transcrever em clave. Se trataria de acordo com Abraham e Torok das lacunas deixadas na transmissão, os segredos. "Nem é o inconsciente dinâmico, nem o Eu da introjeção". Seria uma forma de inconsciente "artificial", hospedado no seio mesmo do Eu. Como a "cripta" deve permanecer dentro, guardada quase como algo sagrado, e nada dela deve sair.

e ele relata que ela também responde com golpes. Antes de deixar a terapia, soubemos que ela fugiu para outro bairro, já que não se sentia segura nesse relacionamento. Quando trabalhamos com imigrantes, é muito comum, por diversos motivos, eles desaparecerem em busca de espaços mais seguros, mais baratos de outro trabalho. No caso de Rosa, ela mandou avisar que não podia ficar mais naquele local. Posteriormente, soubemos que ela tinha denunciado o marido após fugir. Outros relatos são de mulheres que trazem lembranças tingidas de dor, como ver o pai bater na mãe, mulheres que continuavam vivendo com seus agressores, muitas deixando de ser agredidas graças à conversão deles a alguma religião evangélica. Em geral, nesses casos, os pais deixavam de beber e não batiam mais em suas mulheres. E as mulheres que relatam essas histórias de sofrimento são as que, com seus parceiros, recebem tratos semelhantes.

A escuta dessas mulheres bolivianas nos trouxe a lembrança da nossa cultura andina, que muitas vezes pregava se sentir amada quando golpeada, a frase popular dizia: "mais me bate, mais me ama" ou, "depois da briga vem os encantos do amor". Lembro de Isabel, uma senhora que trabalhava em casa, que, após sair de casa e se casar, ao ser perguntada pela nova vida, ela responde sobre o marido: *ele é bom, não me bate*. Resposta que nos faz pensar sobre a naturalização, a transmissão intergeracional, marcada como poder apanhar do marido, já que ele é o representante do poder paterno, e o pai que ama e bate no filho.

Isabel parecia esperar do convívio com o marido ser golpeada, se é amada, o homem tem direito a possuir o corpo, gozar dele, incluindo o direito a golpeá-la. Por outro lado, também parece haver um mandato transgeracional, cultural, em que ser golpeada pelo marido faz parte do convívio. Outra lembrança de outra mulher que trabalhava em casa, quando chegava golpeada, dizia ter caído, batido em um móvel – sinal de vergonha – negação provavelmente, e indefetivelmente, a filha, que muitas vezes a acompanhava, chegava dizendo *"minha mãe está mentindo, meu pai chegou bêbado e golpeou ela"*.

Parece que o mandato transgeracional era ser golpeada, faz parte do convívio marital.

O submetimento ao poder masculino patriarcal poderia ser considerado um dos elementos que influenciam a maneira sacrificial de viver os diversos tipos de violência: as verbais, sem marcas físicas que provam a agressão, salvo os efeitos psíquicos, até a violência física (golpes com as mãos, com objetos cortantes) chegando ao extremo do feminicídio. Uma pergunta que surge é sobre a natureza desse tipo de relação. Pensamos que dar uma explicação que reduz a dizer dos traços sadomasoquistas do casal nos parece uma maneira simplificada de pensar a questão. Consideramos que essas violências estão no entramado da constituição subjetiva, no encontro do singular com o plural. Um plural marcado pela cultura, os costumes familiares, os dizeres, os não dizeres que transmitem e naturalizam o maltrato. Assim, a filha escuta da mãe, da avó ou da própria vivência delas, com resignação, dizeres como: *"assim são as coisas"* ou *"se acostume, ele é seu marido"* ou ainda, *"agora ele tem esse direito* (educá-la, submetê-la, golpeá-la)".

Nos perguntamos, desde que lugar essas mulheres estariam falando. Pensamos que a clínica vincular tem nos ensinado diversos aspectos e nos permite não nos centrarmos num diagnóstico, ou uma mirada psicopatológica da vítima ou do agressor. Um desses aspectos é destacado por Ruffiot (1987),[9] que descreve o jogo dialético amor-desamor. Sendo o desamor um neologismo criado pelo autor para se referir não a falta de amor ou indiferença, ele afirma que se trata do "amor na infelicidade", um "amor no sofrimento". As mulheres golpeadas sofrem, reconhecem que estão sofrendo, mas se negam a reconhecer o desamor instalado e denunciar. E se submetem a esse jogo dialético de amor/golpe; desamor/amor.

9 *"El desamor es la pasión que se instala, es retomar la 'locura' amorosa pero en negativo".* (p. 6).

De outro lado, Kaës (2009) concebe que o casal, ao longo da vida, vai coconstruindo seu espaço psíquico e esse processo se dá no transcurso da experiência, pelas crises e separações, dos novos vínculos, dos processos de ilusão e desilusão (Kaës, 2009, p. 168). Dessa maneira, a relação dialética, as possibilidades do casal ir se reconhecendo, re-encontrando em cada momento específico, seria próprio do estar em presença com outro, sair do Um para o Dois como proposto por Puget (2003).[10]

Penso que o desamor não é o mesmo que o ato violento. O ato violento se impõe sem processo de elaboração psíquica, se impõe como algo que advém, sem ter registro ou reconhecimento, marca o corpo, ali onde o sofrimento não pode ser verbalizado como desamor, ou nostalgia pelo que se foi, pelo desencantamento, pela queda do ideal narcisista. A violência irrompe sem pensar, sem elaborar, o que, talvez, tenha sido recebido como mandato transgeracional, ressignificado em cada ato, em cada golpe, sem ter acesso a pensar, sem palavras para dor.

Se as alianças inconscientes se contraem com aqueles que são nossos contemporâneos, se é inerente a elas para estabelecermos quaisquer vínculo. E, se também, como afirma Kaës, ela se contrem também com nossos ancestrais, talvez possamos afirmar que a violência contra a mulher esteja mais enraizada no campo social do que imaginamos, o que faz necessário realizar um trabalho de desconstrução de "ideais", de "dizeres" que teriam que estar em constante questionamento. As elaborações coletivas, nesses casos, requerem atos capazes de questionar o óbvio (i.e., "em briga de marido e mulher não se mete a colher" e hoje dizer: "se mete, sim"), atos de persistência, de tempo, de clareza. Não são somente as leis que devem mudar; é de vital importância repetir e repetir que a mulher não é um "objeto de golpe", um "ser vivo sem alma", dizer que amar não pode levar a

10 A lógica do Um corresponde ao mundo intrapsíquico, a história do sujeito. Enquanto a lógica do Dois trata do encontro vincular, sob os efeitos de presença que se produz.

ser golpeada. Reiterar que amar é respeitar que o outro é um outro, e, como outro diferente. E não como alguém que resta, é menos. Se impõe valorizar aquela frase "*nem uma menos*".

Referências

Abraham, N. y Torok, M. (1978,1987). *La corteza y el núcleo*. Amorrortu, 2005.

Campos, B., Tchalekian, B., & Paiva, V. (2020). Violência contra a mulher: vulnerabilidade programática em tempos de Sars-Cov-2 / Covid-19 em São Paulo. *Psicologia & Sociedade*, 32.

Eiguer, A., Carel, A., André-Fustier, F., Aubertel, F., Ciccone, A., & Käes, R. (1997). *Lo generacional, abordaje en terapia psicoanalítica*. Amorrortu.

Kaës, R. (1997a). La transmisión de la vida psíquica entre generaciones: aportes del psicoanálisis grupal. In *Malestar en los vínculos*, Marzo 1998.

Kaës, R. (1997b). Introducción: dispositivos psicoanalíticos y emergencias de lo generacional. In A. Eiguer, A. Cares, F. André-Fustier, A. Aubertel, A. Ciccoine & R. Kaës, *Lo generacional: abordaje en terapia familiar psicoanalítica* (pp. 11-23). Amorrortu.

Käes, R., Faimberg, H., Enriquez, M., & Baranes, J. J. (2006). *Trasmisión de la vida psíquica entre generaciones*. Amorrortu.

Kaës, R. (2009). *Les alliances inconscientes*. Dunod.

Puget, J. (2003). Intersubjetividad. Crisis de la representación. *Psicoanálisis APdeBA, XXV, (1)*.

Ruffiot, A. (1987). La pasión del desamor [Ficha] *Dialogue, Nº 96*. Traducción: Olinda Martín; revisión técnica: Diana Blumenthal. Texto enviado por la Bibliotecaria de la AAPPG – Buenos Aires.

18. Uma reflexão sobre o masculino no mundo contemporâneo

Gley P. Costa

Freud sempre deixou claro que conhecia menos a vida sexual da menina do que a do menino, o que o levou a desenvolver sua teoria da sexualidade condizente com uma hipotética primazia fálica, conferindo ao homem uma superioridade supostamente invejada pela mulher. Contudo, é preciso ter presente que a visão de Freud foi limitada, em parte, pelas perspectivas e valores seus e da cultura do seu tempo, mas também porque ainda não se achavam disponíveis conhecimentos que, mais tarde, viriam a se acrescentar aos antigos. Um exemplo são os estudos recentes das variações nos níveis pré-natais de hormônios andrógenos e o efeito dessas variações sobre o hipotálamo, as quais, sob certas condições potenciadoras de infância, podem contribuir para o resultado da preferência sexual de homens e mulheres.

Ao mesmo tempo, da mesma forma que não podemos subestimar a importância das identificações, do conflito e dos sintomas nas manifestações da sexualidade dos indivíduos, para além das homo e heterossexualidades, tanto quanto das vicissitudes do difícil processo de separação-individuação, também precisamos relevar os avanços da epigenética que, nos últimos anos, têm ampliado o conhecimento sobre o campo das relações humanas. De acordo com esses avanços, em que se destaca o fenômeno da metilação, com a formação de epimarcas ancoradas junto aos genes responsáveis pela sensibilidade à testosterona – capazes de masculinizar o cérebro de meninas ou afeminar o de meninos – a antiga visão do sexo como um binário condicionado pelos cromossomas XX ou XY, passa a ser questionada.

Além disso, existem evidências científicas mostrando que hábitos da vida e o ambiente social em que o indivíduo se encontra inserido podem modificar o funcionamento de seus genes, e investiga-se atualmente o caráter hereditário dessas modificações. Por conta disso, a sexualidade e o gênero, necessariamente, devem ser enfocados mediante a combinação de diversas disciplinas. Nessa linha, podemos ainda nos perguntar se não caberia levar em consideração o conceito de "pensamento complexo", o qual nos permite concluir que a unificação e a homogeneização no amplo campo dos relacionamentos sexuais são ilusões que excluem o respeito pelas diversidades e pelas heterogeneidades.

Não obstante, precisamos reconhecer que foi com Freud que a sexualidade se afastou do mero viés da união das células genesíacas como fim e se converteu, aliada aos conceitos de pulsão e de objeto, em uma manifestação da vida anímica dos sujeitos que está presente em todas as instâncias do desenvolvimento. Já não se trata somente de uma dimensão bio-filogenética que aponta a conservação da espécie como instinto natural. Freud desconstruiu qualquer relação de conaturalidade entre o sexo, a pulsão e a escolha de objeto, sendo o objeto da pulsão bastante variável e não existindo nenhum tipo de solda entre ele e a libido. Por isso, podemos dizer que Freud foi o primeiro a propor uma necessária desvinculação entre sexo, gênero e eleição do objeto de satisfação sexual.

Esse posicionamento faz-se mais firme quando, em *O ego e o id* (1923/1976), refere que o menino não tem simplesmente uma atitude ambivalente para com o pai e uma escolha objetal afetuosa pela mãe, mas que, ao mesmo tempo, apresenta uma atitude afetuosa feminina para com o pai e um ciúme e uma hostilidade correspondentes em relação à mãe, configurando o complexo de Édipo completo, ou seja, positivo e negativo.

No entanto, precisamos reconhecer que, nos amplos limites de sua maravilhosa concepção da bissexualidade inata e do polimorfismo da sexualidade infantil, Freud subestimou uma parte importante das fantasias "femininas" por parte do sexo masculino. Fantasias que, diga-se de passagem, sempre foram desmentidas pelos homens, mas que são da maior importância para a construção da subjetividade sexuada tanto masculina quanto feminina.

Na verdade, são dois grupos de fantasias.

O primeiro grupo relaciona-se à inveja, sentimento universal, segundo Klein (1957), que o homem sente da mulher. Uma verdadeira "inveja da vagina", mas que, no imaginário masculino, é muito mais: é o desejo de ser uma mulher em sua plenitude. Na verdade, o desejo do menino de gerar bebês e cuidar deles provavelmente seja universal, conforme se depreende de um grande número autores, entre eles: Jacobson (1950), Klein (1957), Van Der Leeuw (1958), Ross (1975 e 1977) e McDougall (1999).

O outro grupo de fantasias se relaciona com os medos que o homem sente diante de uma mulher pela importância e os poderes da mãe para a criança, de ambos os sexos, nas primeiras semanas, meses e anos de vida. Esses medos são, basicamente, três: *perder a identidade*; *perder o objeto de amor* e *perder a existência*. Muitas das brincadeiras habituais das mães com os seus bebês funcionam como uma forma de elaboração precoce desses temores.

Estaria uma maior consciência do sentido dessas defesas gerando uma desorientação do masculino? Nessa linha, questiona Alizade (1998, p. 26): "Desvalidada a gesta heroica dos varões e tendo os papéis de gênero perdido suas delimitações seculares, estariam os homens sentindo-se desconcertados?".

Essa mudança, devemos observar, interfere diretamente no papel do homem não somente dentro da família, em particular como pai, como também na sociedade, mais do que tudo no mercado de trabalho. Aproveitando o título de um recente livro de Jacques André (2019), diríamos que essa é uma das "desordens" da vida atual: os homens encontram-se perdidos em seu papel. Em *Análise terminável e interminável* (1937/1975), Freud acentuou a disponibilidade potencial do ser humano para a homossexualidade, via bissexualidade inata. Reportando-se a essa passagem da obra de Freud, escreve Jacques André que toda posição sexual exibida é uma comédia que deixa nos bastidores aquilo do que ela preza tanto em se distinguir. Se, de todas essas posições, a heterossexualidade é a mais cômica, é porque ignora ser apenas uma posição dentre outras e se toma pela norma. A necessidade do homem de sustentar a sua virilidade não refletiria justamente a fragilidade da heterossexualidade normativa, fruto de um construto cultural?

Robert Stoller (1968/1974) nos fala de um esforço do homem para suplantar suas características femininas resultantes da primitiva identificação com a mãe, configurando uma "protofeminilidade masculina". Segundo esse autor, uma tarefa muitas vezes inacabada, se julgarmos pela quantidade de efeminação ou de hipermasculinidade forçada que observamos, por exemplo, no machismo. Como reflexo do desalinhamento entre vidas psíquicas e comportamentos sexuais, muito mais homens e mulheres hoje do que num passado recente têm relações sexuais com parceiros dos dois sexos. Dessa forma, somos levados a enfrentar a dúvida se a neurose, ou seja, a repressão não estaria mais do lado da heterossexualidade do que da bissexualidade. Com esse questionamento, nos colocamos diante do risco de afrontar as rígidas normas impostas pela cultura e os imutáveis conceitos psicanalíticos e acusados de desconhecimento da teoria freudiana. No entanto, o próprio Freud, quase 100 anos atrás, em *As consequências psíquicas da diferença anatômica entre os sexos* (1925/1976), ponderou que todos os indivíduos humanos, em resultado de sua disposição bissexual e da herança cruzada, combinam em si características tanto masculinas quanto femininas, de maneira que a masculinidade e a feminilidade puras permanecem sendo construções teóricas de conteúdo incerto.

Será que teríamos que concluir que a sexualidade, principalmente a masculina, mais do que nunca, está, de fato, em desordem?

Essa realidade é para ser lamentada ou festejada?

Segundo Fogel (1986/1989), como psicanalistas, devemos estar comprometidos com o propósito de não voltar as costas a verdades duras, por serem impopulares ou não se acharem de acordo com as tendências humanísticas ou outras tendências dignas de respeito da comunidade cultural ou científica. Em outras palavras, não permitir que juízos morais e ideológicos se apropriem da nossa mente, propondo-nos uma tolerância respeitosa pela ambiguidade, pela contradição e até mesmo pela confusão, e dispondo-nos a abranger e tentar integrar uma ampla gama de perspectivas.

O que provavelmente tenhamos que reconhecer é que existem inumeráveis caminhos potenciais pelos quais a corrente libidinal bissexual universal busca encontrar satisfação e integrar-se à organização psicossexual do indivíduo, o que aparentemente se observa ocorrer com mais facilidade na mulher, e que esses impulsos são responsáveis tanto pelo sofrimento neurótico quanto pelo enriquecimento psíquico. Nessa linha, adverte McDougall (1999) que o substrato bissexual dos seres humanos serve não somente para enriquecer e estabelecer os relacionamentos amorosos e sociais como também fornece um dos elementos aptos a estimular a atividade criativa – embora precise ser admitido que esta mesma dimensão pode ser fonte de bloqueios criativos se os desejos bissexuais inconscientes forem fonte de conflito ou interdição.

A castração, ou seja, a castração simbólica – como acentuou Lacan – é uma referência à incompletude do ser humano, portanto, aplicável a ambos os sexos e representa uma forma de inserção no mundo simbólico. Na fase edípica, nas suas dimensões homo e heterossexual, as crianças se veem frente a múltiplas frustrações e sonhos impossíveis: em particular, o desejo de pertencer a ambos os sexos e possuir os genitais tanto mãe quanto do pai, obtendo com eles todos os prazeres imagináveis, configurando a triádica cena primária.

Os sentimentos de inferioridade do homem, resultantes de sua incapacidade de gerar e criar bebês e do medo de ser engolfado pela mulher no ato sexual, fizeram com que, defensivamente, criasse o mito da fortaleza masculina, responsável por uma cultura em que a mulher, além de desvalorizada, é maltratada e vítima de violência. Faz-se portanto, necessário não apenas revelar o que de certa forma é negado pela teoria psicanalítica clássica, mas também opor-se a uma aceitação incondicional de supostos básicos considerados imutáveis e caminhar na direção de uma desconstrução dos códigos simbólicos que ordenam os laços afetivos de uma sociedade hegemonicamente falocêntrica.

Em outras palavras, cabe à psicanálise contemporânea abordar o amplo espectro de subjetividades que não encontram cabida na lógica binária estrita da diferença sexual homologada nos dualismos fálico-castrado e masculino-feminino, lembrando que os enunciados *sou homem* e *sou uma mulher* não correspondem, necessária e linearmente, *desejo uma mulher* e *desejo um homem*. A questão principal já não é mais a diferença, mas a alteridade nas relações sexuais e amorosas.

Referências

Alizade, A. M. (1998). Para pensar la masculinidade. *Actualidad Psicologica*, 23(253).

André, J. (2019). *As desordens da vida*. Sulina.

Fogel, G. I. (1989). Introdução: ser homem. In I. G. Fogel, M. F. Lane & S. R. Liebert (Orgs.). *Psicologia masculina: novas perspectivas psicanalíticas*. Artes Médicas, 1986.

Freud, S. (1976). O ego e o id. In S. Freud, *Edição standard brasileira das obras completas de Sigmund Freud* (Vol. XIX). Imago, 1923.

Freud, S. (1976). As consequências psíquicas da diferença anatômica entre os sexos. In S. Freud, *Edição standard brasileira das obras completas de Sigmund Freud* (Vol. XIX). Imago, 1925.

Freud, S. (1975). Análise terminável e interminável. In S. Freud, *Edição standard brasileira das obras completas de Sigmund Freud* (Vol. XXIII). Imago, 1937.

Jacobson, E. (1950). *Development of the wishfor a child in boys. The psychoanalytic study of the child*. Univ. Press.

Klein, M. (1957). Envidia y gratitud. In *Obras completas de Melanie Klein* (Vol. 6) Paidós.

McDougall, J. (1999). Teoria sexual e psicanálise. In R. P. Ceccarelli, *Diferenças sexuais*. Escuta.

Ross, J. M. (1975). The development of parental idendity: a critical review of the literature on burturance and generality in boys na men. *J. Am. Psychoanal*, 23(4).

Ross, J. M. (1977). Toward fatherhhood: the epidenisia of paternal identity during a boy's first decade. *Int. Review of Psyco-Analysis*, *4*(3).

Stoller, R. (1974). *Sex and gender*. Janson Aronson, 1968.

Van Der Leeuw, P. J. (1958). La fase pré-edípica del varon. *Rev de Psicoanalisis*, 23(1).

19. A incorreção política do binarismo

Sodely Páez

O horror e a rejeição diante do novo e do diferente percorrem a história da civilização desde o seu início. Na antiga Atenas, as pessoas que nasciam com sexo indefinido eram rejeitadas e atiradas ao mar. Em outras regiões, elas eram enforcadas, queimadas ou enterradas vivas, então acredita-se que os mitos de Andrógino e Hermafrodito foram criados para protegê-los e reivindicá-los de alguma forma.

Os mitos dão conta do sinistro, mas ao mesmo tempo são tentativas de reparação e inclusão ao designar aquele temido com nome e status próprios, numa narrativa que lhe dá existência não só semanticamente, mas também histórica e socialmente.

A palavra nos salva, nos introduz no mundo simbólico e nos oferece tanto o suporte quanto o veículo para a construção de nossa identidade e de nossa constituição como sujeitos.

Se hermafrodito é o resultado de uma relação ilícita, ou seja, fora da lei, andrógino é o resultado da punição por uma violação da lei. Ambos incorporam uma penalidade por desafiar a lei. Qual lei? Quem a impõe? De acordo com as religiões, a lei de Deus. A da semelhança: "ser todos iguais aos olhos de Deus", e a da diferença "E Deus criou o homem e a mulher". Tanto hermafrodito quanto andrógino "mereciam" ser reconhecidos e reparados, os mitos cumprem essa função.

A lei é escrita pelos discursos dominantes. São eles que decidem e dispõem os "imperativos categóricos" da moralidade e o bem comum de uma dada sociedade, em um determinado espaço e tempo. Cada sociedade tece seus próprios mitos para se explicar e se sustentar ao longo do tempo.

Quais são os nossos novos mitos? Quais temos desconstruído e com quais nós psicanalistas nos confrontamos em nosso trabalho cotidiano?

Em 1910, o pesquisador alemão Magnus Hirschfeld, que defendia os direitos dos homossexuais, desenvolveu a teoria do terceiro sexo.

Hoje, as fronteiras foram movidas e o coletivo LGTBQIAPN+[11] cresceu com a inclusão de uma grande diversidade de gêneros, muito longe do que poderíamos considerar, já, antigas categorias binárias. Mas, apesar dessa tentativa de unificação, baseada na ideia de abolir qualquer classificação percebida como discriminatória e exclusiva, outros setores oferecem resistência ao defender a especificidade de cada uma das variantes de gênero. Este último, não se sentindo representado pelo masculino ou feminino, promove as iniciais T (trans), I (intersex), X ou they/them (eles) para pessoas do gênero fluido. A cada dia surgem novas identidades de gênero, com longas viagens e um destino não necessariamente definido e duradouro. Como analistas, devemos acompanhar a todos em seu processo de autodescoberta, respeitando as nomenclaturas e os pronomes com que se reconhecem, não como um ato de redesignação, mas de apropriação e retificação. Não pelo porquê, mas pelo como. Como vivem, como

11 Sigla que abrange pessoas que são Lésbicas, Gays, Bi, Trans, Queer/Questionando, Intersexo, Assexuais/Arromânticas/Agênero, Pan/Poli, Não binárias e mais.

se sentem com o que conquistaram, com o presente, com sua história pessoal, com seus desejos e ideais.

Há muito tempo entendemos a identidade de gênero como uma construção subjetiva independente da anatomia. Nas palavras de Citro (2011), o corpo foi pluralizado, não basta como enclausuramento do ser; tornou-se uma utopia acessível, ao contrário da proposta foucaultiana. Agora podemos projetar o corpo à vontade ou preservá-lo, desatando sua antiga relação com nossa identidade autopercebida. Não se trata de se sentir um homem, uma mulher ou X em um corpo errado, mas de Ser isso e Ser como produto subjetivo da construção social e sua intersecção entre desejos e modos instintivos.

Tão infinito é o campo dos gêneros possíveis *in crescendo* cada vez mais que as festas recém-criadas para revelar o sexo dos bebês em gestação parecem obsoletas. As mutações sociais procedem com tal velocidade que excedem a capacidade de algumas serem incorporadas no momento em que surgem. Ao contrário, outros se adaptam de maneira alarmantemente rápida, com pouco tempo para reflexão e a tomada de ação. Muitos deles instados, de forma bastante compreensível, pelo desejo de evitar o atroz sofrimento das pessoas e principalmente crianças trans ou pertencentes a outras identidades não binárias. Preocupação legítima que busca dar legalidade à sua identidade com pleno uso de seus direitos civis, mas que ao mesmo tempo parece ignorar outras nuances, movimentos e conflitos da vida psíquica, não redutíveis à questão de gênero e que requerem tempo psíquico suficiente para ser capaz de ser metabolizados.

Pude observar em alguns pais de crianças pequenas, dois ou três anos, uma pressa na aceitação de um gênero que não correspondesse ao sexo anatômico de seus filhos movidos por esta válida preocupação de respeitar seus desejos e evitar-lhes um caminho de miséria, mas também, nem sempre, pelo que considero um preconceito ao contrário, contra o binarismo: não se mostrar fechado, retrógrado ou antiquado. Considero muito perigosa essa ideia e tendência a uma desconstrução abolicionista de tudo o que antes se conhecia, porque corremos o risco de estabelecer uma nova norma moral e a partir da qual regressar à crítica, ao julgamento e à censura. Perigosa uma nova lógica de segregação ao contrário, em que a desconstrução perde a sua natureza e passa a ser o novo *establishment*.

O desejo de muitas meninas de ter um pênis e urinar em pé é muito comum. Como ignorar a preocupação e o questionamento do menino sobre o sexo da menina? Qual criança não explora nas brincadeiras tradicionalmente consideradas do sexo oposto ou com os vestidos atribuídos ao outro? Por que aceitar rapidamente em uma criança sua afirmação sobre sua identidade de gênero quando nem mesmo é possível para ela falar na primeira pessoa? Como sabemos, o eu, como aquisição de identidade, é uma instância de aparecimento tardio, a identidade de gênero é uma parte a mais dos seus componentes.

Por que não reservar um tempo para receber sua autopercepção e agir de acordo com isso? Por que um cartão de identificação tão precoce, uma mudança de nome ou uma intervenção nos corpos antes da puberdade? Sim, entendo a preocupação subjacente e as boas intenções, mas as perguntas continuam surgindo para uma reflexão mais aprofundada.

Quando se trata de tratamentos hormonais, as razões biológicas para o início precoce, antes da puberdade, são claras e lógicas no objetivo de poupar as crianças da imensa dor e angústia excruciante que o desenvolvimento sexual de um corpo não reconhecido como próprio acarreta. Existem muitos exemplos em que a harmonização gera alívio, bem-estar e felicidade, há também outros casos em que a intervenção precoce teve consequências complicadas, sejam elas físicas, psicológicas e emocionais. Por essa razão, muitos esperam o desenvolvimento completo do seu corpo adulto para começar as alterações corporais e hormonais, nos casos em que isso seja necessário para eles. Muitas outras pessoas trans e não binárias não veem necessidade disso.

As possibilidades de gênero e corpo são muitas e diferentes. Paul Preciado (2010) fala de *universos queer*, nos quais não existe o conceito de diferença sexual, mas sim uma infinidade de diferenças. Ideia interessante que oferece aos psicanalistas novos interstícios para pensar a diferença e a alteridade. Alteridade que também contempla o binário como uma forma a mais entre outras, em que continua constituindo-se a identidade de gênero, não destituível ou substituível, embora possa parecer politicamente incorreta sua defesa.

Afastar o posicionamento nas categorias binárias na educação dos nossos filhos parece seguir um curso e uma tendência ditada pela época que excluem o desejo singular dos pais nos processos de identificação. Em meu consultório, ouço pais temerosos de atribuir um gênero ao filho ou filha por vir e pensar em um nome neutro para eles a fim de não forçar qualquer identidade "alienante", deixando-os assim na liberdade de escolher ou encontrar no futuro a identidade de gênero que "verdadeiramente" lhes pertence. Como se isso fora uma eleição voluntária do eu!

Outros pais orgulhosos e satisfeitos me dizem quando se deparam com a angústia de seu filho pré-púbere quanto à pergunta explícita *o que sou eu, menino ou menina?* Eles responderam *você é uma alma linda e nós te amamos muito, não importa se você é um menino ou uma menina*. Se já é difícil conhecer-se menino ou menina, quanto mais será imaginar-se como alma!

Os discursos dominantes moldam a ética dos indivíduos, o uso e a imagem de seus corpos constelados, suas escolhas de objeto, os processos de identidade de gênero e até mesmo nossa sexualidade. São eles que configuram os nossos mitos e dão conteúdo ao nosso psiquismo. É uma utopia pensar na liberdade de escolha quando somos sujeitos políticos, da cultura, alienados ao discurso do Outro, um Outro sem o qual não poderíamos existir como sujeitos psíquicos, sujeitos do inconsciente. A violência primária de Aulagnier (1975) é necessária para existir, para existir no outro, a partir dele, do seu olhar, do outro que nos diz quem somos e nos dá nome e lugar em seu desejo, desejo com o qual nos identificamos, ou não!

As categorias são necessárias para nos organizar e nos identificar mesmo que tenham suas rachaduras, não sejam totalmente inclusivas e não tenham "todas as coisas existentes" (Rubin, 1992).

Mesmo antes do nascimento, o *infans* carrega a carga projetiva desejante de seus progenitores. A atribuição de gênero por aqueles não responde meramente às normas culturais e sociais, depende também da fantasmatização das características sexuais de seu bebê e de sua própria sexualidade inconsciente como sujeitos psíquicos divididos (Laplanche, 2007).

Em suas primeiras trocas, o eu do outro, que atua como porta-voz (Aulagnier, 1975), a identidade secreta do eu do outro, como aponta Sami-Ali (1977), afeta o corpo do bebê e delineia a construção gradual de sua subjetividade (muito antes do encontro com a diferença anatômica dos sexos e a passagem edipiana). "A assunção do gênero como elemento estruturante opera antes do reconhecimento da diferença anatômica dos sexos e é ressignificada por ela uma vez que ocorre sua inscrição" (Blestcher, 2017, p. 37).

O registro no psiquismo dessas primeiras experiências ocorre por meio do corpo. O sujeito vive o mundo por meio de seu corpo, e este corpo tem escrito sua história privada, com uma narrativa própria e única, em uma zona de encontro com o universal e o geral. A ideia de Merleau-Ponty (1945) de que toda experiência no mundo passa pelo corpo continua a parecer válida e inegável, mesmo antes da aquisição da linguagem. Um corpo erógeno que habita e é habitado por um gênero também investido por travessias simbólicas e não apenas imaginárias.

Ser menino ou menina responde às identificações primárias e à representação que cada um tem de si mesmo, um self encarnado em um corpo, mas não determinado biologicamente por ele.

Seriam necessárias muitas gerações para que os efeitos das transformações culturais sobre a subjetividade se manifestassem, podendo gerar verdadeiras transformações psíquicas (Heritier, 1996).

Qual poderia ser o resultado em que traços de atribuição confusos, ambíguos ou ausentes podem ter no sentimento de identidade e na identidade de gênero? O que resta da história do corpo e como ele é incorporado à psique? (seja preservado ou intervindo medicamente).

Lembremos que o sentimento de identidade provém de uma continuidade temporal que vincula uma relação entre o ideal do ego (perspectiva futura) e o ego ideal (narcisista, instantâneo), para que as alterações dos primeiros tempos se movessem ao longo da vida, interceptando, de certa forma, o projeto de identificação (Aulagnier, 1975).

Jane Flax (2004) argumenta que hoje é mais útil falar de polissexualidade para compreender a diversidade sexual e as diferentes formas de se relacionar com o desejo, e o desejo é sempre aberto, amplo e vital. Desejo que busca conhecimento e vida, desejo plural em suas formas de manifestação e desejo que alimenta a chama da análise.

Referências

Aulagnier, P. (1975). *A violência da interpretação*: do pictograma à declaração. Amorrortu Editores, 2001.

Blestcher, F. (2017). *Infâncias trans e destinos da diferença sexual:* novos existenciais, teorias renovadas na psicanálise e gênero. Paidós.

Citro, S. (2011). *Corpos plurais:* antropologia dos corpos. Biblos Editorial.

Flax, J. (2004). O escândalo do desejo: a psicanálise e as rupturas de gênero. In *Journal of the Argentine Society of Psychoanalysis*, (15/16). 2011.2012.

Héritier, F. (1996/2007). *Masculino / feminino II*: dissolva a hierarquia. Fundo de Cultura Econômica.

Laplanche, J. (2007). *Sexual. La sexualité* élargie *au sens freudien*. PUF.

Merleau-Ponty, M. (1945/1993). *Fenomenologia da percepção*. Editorial Planeta.

Preciado, P. (2010). Multidões queer: notas de uma política para a aberração. *Revista Topia, XX*, 58.

Rubin, G. (1992). Of catamites and kings: reflections on butch, gender and boundaries. In J. Nestle (Ed). *The persistent desire: a femme-butch reader.* Alyson Publications.

Sami-Ali, M. (1977/1992). *Cuerpo real, cuerpo imaginário*. Para uma epistemologia psicanalítica. Paidós.

20. A configuração patriarcal: liberdade condicional

Anabel Beniscelli
Josefina Caldas
Sebastian Putrelli

Pela liberdade sinto mais corações
do que areias no peito.
Miguel Hernandez (1942)

A liberdade, como exercício emancipatório, costuma ser difusa e estudada por diferentes correntes do pensamento filosófico. Se pensarmos a liberdade a partir do que está inscrito em nossa psique pelos traços da nossa cultura, resulta interessante citar as teses da feminista Carole Pateman (1988), visto que a autora menciona que o contrato social original de Russeau (1762) é composto tanto pela ideia de liberdade, como a de seu antônimo: a dominação. Para Pateman:

> *A liberdade dos homens e a sujeição das mulheres está criada através do contrato original, e o caráter da liberdade civil não pode ser compreendido sem a desprezada metade da história que revela como o direito patriarcal de homens sobre mulheres é estabelecido a partir do contrato. A liberdade*

> *civil não é universal. A liberdade civil é um atributo masculino e depende do direito patriarcal.* (pp. 10-11)

O patriarcado propõe uma ideia de liberdade contraditória, para algumas pessoas com certas regras cujo incumprimento virá como punição a expulsão, mesmo a exclusão absoluta de todas as formas de existência – a morte. Regras do jogo, ao qual as pessoas, instituições e até o Estado entram de modo perverso e arranjado, tanto em esfera pública como privada. Um jogo no qual as condições de vitória determinam isolar, dominar e até eliminar um outro, outra, tão inferior quanto ameaçadora de subverter as lógicas hegemônicas que sustentam o exercício do poder por meio do que Teresa de Lauretis (1989) passou a chamar de tecnologias políticas de gênero.

Como o patriarcado sobrevive? Diferentes autoras referem-se a uma rede de representações que se alojam nas profundezas do psiquismo humano, com uma fertilidade inalienável que cresce, expandindo e infectando até novas formas de ser-no-mundo.

A materialidade do patriarcado emerge da ideia de *habitus*, abordada por Bourdieu (1991), reafirmando que as regras do jogo são imperceptíveis para a consciência e aleatoriedades. Conforma uma estrutura de poder arcaica e universal que, em termos bourdianos, apresenta caráter estruturante e transmite o estruturado, ao mesmo tempo, desta forma, regula as relações tanto entre homens, como entre homens e mulheres, promovendo uma percepção individual e coletiva de uma ordem natural e, portanto, inamovível. As matrizes estruturais neoliberais contemporâneas executam tudo aquilo que tenta escapar ao confinamento de uma estrutura que será alvo de ser capturado novamente por ela. Apesar da ideia de aumento de liberdade promovida pelas sociedades neoliberais contemporâneas, não parece nos tornar mais livres, segundo De Landázuri (2017), ao contrário, ocorre como mecanismo de dominação extremamente eficaz, cuja capacidade de sedução aumenta sua eficácia por meio da aceitação de mais e mais sujeitos.

No Uruguai, liberdade condicional é entendida como:

> *um benefício que é concedido . . . aos condenados que estão em liberdade quando é executada a sentença de condenação ao levar em consideração sua conduta, personalidade, forma e condições de vida, um prognóstico favorável de reintegração social favorável. (Lei 19.446/2006, art. 13)*

Vítimas de violência doméstica baseada em gênero vivem sujeitas à vigilância de atos, gestos, hábitos, e todas coincidem ou escapam da arbitrariedade das regras ditadas. Mulheres são descritas como sujeitas à vigilância que, assim, acaba definindo suas novas condições materiais de vida e liberdade. É disso que se trata a liberdade condicional, liberdades sob condições específicas de existência e ação, de meias-liberdades. Liberdade que, para alguns, pode ser libertador e para outros, enganosamente livres. Esse paradoxo reverbera na democracia como proposto por Nuria Varela (2017):

> *Enquanto as relações sociais, de trabalho e pessoais entre homens e as mulheres continuarem desequilibradas, a própria democracia será questionada. Não é possível classificar um Estado como democrático se boa parte de seus cidadãos não têm liberdade, não são efetivamente protegidos pelas forças de segurança e sem garantia de defesa legal. (p. 37)*

Ouvimos várias vezes que as mulheres expressam o desejo de que seu agressor desapareça, que ele está perdido no tempo, que está diluído no espaço, que jamais volte, a morte. O acontecimento doloroso e triste, em condições que prevaleça a calma e o afeto, pode ser libertador e curador em condições traumáticas. Junto com Laplanche e Pontalis (1983), pode-se pensar na liberação de um quantum de tensão psíquica por meio da ab-reação, ou seja: "essa descarga emocional por meio da qual o indivíduo se liberta do afeto, vinculado a uma memória de um evento traumático, que o impede de se tornar um patógeno ou permaneça assim" (p. 1). Mulheres libertadas ou não, porque nem todas as mortes serão sinônimo de liberdade. Quando as mulheres morrem nas mãos de homens, resulta evidente a expressão máxima da privação de liberdade que Marcela Lagarde (2005) define como cativeiro. No entanto, o medo que a morte gera, não supera o medo que o faça a perda da liberdade, como aborda Erich Fromm (1941), de quem é oprimido historicamente luta por novas liberdades, mas, sem dúvida, prefere morrer lutando do que viver sem sua liberdade. Para Miguel Lorente (2012), não basta que as mulheres sejam ameaçadas ou violentadas, é necessário produzir nelas a sensação de desamparo e isolamento para que o medo se acumule em terror; que se consolida como algo normal apenas como estratégia de sobrevivência configurando a síndrome de adaptação paradoxal (Montero Gomez, 2001).

Se assumirmos que o patriarcado produz e reproduz modelos de liberdades condicionais, devemos nos perguntar: liberdade para quem? Para quê? A mulher seria negada dos privilégios de plena liberdade, aparentemente autônoma e onipotente do patriarcado, pois só é para quem nasce destinado a ser uma parte ativa dele. É então que, se falamos de patriarcado, falamos sobre a alienação do sistema, daqueles que não podem participar, que não podem brincar, aqueles que não podem existir. "Quem sabe o que as mulheres farão quando se tornarem finalmente livres de si mesmas? Quem sabe qual pode ser a contribuição da inteligência feminina quando possa ser formada sem ter que submeter-se ao amor negativo?" (Friedan, 2009, p. 72).

Estudos sobre a masculinidade questionam a liberdade dos homens. Tomando como referência o sistema sexo-gênero de Rubin (1975), o masculino ocupou o lugar de público-produtor, enquanto a mulher foi destinada ao privado-reprodutor. A partir desse sistema, o homem deve sustentar sua família e, em resposta a isso, a mulher tem a obrigação de estar disponível para ele e seus filhos. A psicanalista argentina, coordenadora do Fórum de Psicanálise e Gênero, Irene Meler (2012) aponta que esse modelo "alude a um dispositivo de regulação social que existe implicitamente em todas as sociedades conhecidas" (p. 72). A lógica de poder acaba configurando a construção subjetiva tanto da masculinidade quanto da feminilidade, gerando conflitos, sofrimentos, delimitando papéis muito claros em relação ao gênero e ditando modos de ser e fazer no mundo, marcando indelevelmente os confinamentos da psique em que cada um habita. Desde muito jovens, as crianças são ensinadas a serem meninos, forçados a rejeitar certas atitudes, desejos e sentimentos. Obrigados a reprimir emoções e solicitando que não as manifeste, porque nas palavras de muitos e muitas, "os homens não choram". Construir não apenas homens, mas pessoas sob ditames de repressão de sentimentos, não faz nada além de gerar pessoas em cativeiro por sua própria repressão psíquica.

Assim, a masculinidade hegemônica como construção social, como forma de ser-fazer, como uma expressão do que significa ser homem, enraizou uma ampla lista de hábitos de ordem violenta, do opressor, do alienante, do discriminador. Pensando em como esse é um construtor de confinamentos e estruturas altamente estruturadas, nos perguntamos sobre o que aconteceria se pensássemos sobre a diversidade de masculinidades em vez de vê-la como algo único e indelével. A psicanalista Débora Tajer (2013) afirma que "o fim de um pai, do patriarcado ocidental, é o fim de um mundo, não do mundo" (p. 138), relatando não apenas os elementos constituintes estereotipados que tornam a masculinidade hegemônica, mas também as práticas estereotipadas. "Construir" homens que tenham abertura afetiva e que não estejam segregados com a negação de afetos é, talvez, uma tarefa antipatriarcal que pode ser a porta de entrada para o não exercício da violência, para a rejeição dos confinamentos. Talvez "construir" novas masculinidades signifique construir liberdades.

É então o confinamento psíquico, físico, real e simbólico impulsionado pelo patriarcado para os homens e ainda mais para as mulheres o que gera elementos deficitários nos modos de relacionamento humano. Homens homicidas que então cometem suicídio, mulheres estilhaçadas sob os punhos de seus ex-parceiros; alienadas ao controle econômico; ao assédio nas vias públicas, ao medo do perigo, o estado de alerta constante, tentando dar liberdade ao cativeiro. Essa estrutura estruturante, que chamamos de patriarcado, é produtor de subjetividade e reprodutor constante da mesma. Produzir liberdades certamente não é um trabalho inofensivo, não partimos de uma tela em branco, partimos de uma com muitas manchas e de infinitas desigualdades. Talvez devêssemos optar por uma perspectiva colaborativa e coletiva, de diálogo e troca, de autocuidado e cuidado com os outros e as outras, de expressões de vínculo humano saudáveis. De humanidades vividas em igualdade, não de vidas que valem mais do que outras. Que nenhuma mulher mais precise morrer para que possamos entender que existe um problema enraizado nas profundezas da psique e do social; que entendamos a profundidade da liberdade e do quão limitadas são as condições de condicionamento de vida, vidas e mortes. Compreendamos o que é liberdade condicional para todas as pessoas e que sua possível modificação é e será trabalho de todos e todas.

Referências

Bourdieu, P. (1991). *El sentido práctico*. Taurus.

De Landázuri, M. C. O. (2017). De la biopolítica a la psicopolítica en el pensamiento social de Byung-Chul Han. *Athenea Digital*, (17).

De Lauretis, T. (1989). *Las tecnologías del género*. Macmillan Press. http://blogs.fad.unam.mx/asignatura/adriana_raggi/wp- content/uploads/2013/12/teconologias-del-genero-teresa-de-lauretis.pdf

Friedan, B. (2009). *La mística de la feminidad*. (4ª ed.). Ediciones Cátedra.

Fromm, E. (1941). *El miedo a la libertad*. Paidos. https://ciudadanoaustral.org/biblioteca/04.-Erich-Fromm-El-miedo-a-la-libertad.pdf

Lagarde, M. (2005). *Los cautiverios de las mujeres:* madresposas, monjas, putas. presas y locas. (4ta ed.). Universidad Autónoma de México.

Laplanche & Pontalis (1983). *Diccionario de Psicoanálisis*. Paidós.

Lorente, M. (2012). *Mi marido me pega lo normal.* Agresión a la mujer: realidades y mitos. Ares y Mares.

Meler, I. (2012). Construcción de la subjetividad y actitudes ante el trabajo: diferencias y similitudes entre los géneros. *Subjetividad y Procesos cognitivos.* (16). https://www.redalyc.org/pdf/3396/339630260004.pdf

Montero Gómez, A. (2001). *Síndrome de adaptación paradójica a la violencia doméstica: una propuesta teórica.* Clínica y Salud, *12*(1),5-31. [fecha de consulta 15 de Agosto de 2021]. ISSN: 1130-5274. https://www.redalyc.org/articulo.oa?id=180618320001

Pateman, C. (1988). *El contrato sexual.* Anthropos. https://jcguanche.files.wordpress.com/2014/01/131498859-carole-pateman-el--contrato-sexual-1995.pdf

Rousseau, J. J. (1762). *El contrato social.* El Aleph 1991.

Rubin, G. (1975). El tráfico de mujeres. Notas sobre una 'economía política' del sexo. In M. Navarro, & C. Stimpson (Comps.), *¿Qué son los estudios de mujeres?* Fondo de Cultura Económica, 1999.

Tajer, D. (2013). Diversidad y clínica psicoanalítica. In A. M. Fernandez, & W. Sequeira (Ed.), *La diferencia desquiciada: Género y diversidades sexuales*. Biblios Sociedades.

Uruguay. (2016, octubre 28). *Ley N.° 19.446*: Ley Regulación del régimen de libertad provisional, condicional y anticipada y penas sustitutivas a la privación de libertad. https://www.impo.com.uy/bases/leyes/19446-2016

Varela, N. (2017). *Íbamos a ser reinas; mentiras y complicidades que sustentan la violencia contra las mujeres*. Sipán.

Parte VIII
Reflexões sobre bissexualidade e gênero

21. O self e a construção da identidade de gênero

Eva Rotenberg

A construção do self e a pulsão

Nas psiconeuroses, o conflito era definido entre o Eu e a sexualidade. Na construção da identidade sexuada, que inclui a identidade de gênero, não se trata de um conflito, mas sim da própria constituição da identidade nuclear sexuada, do self.

Sabemos que, ao nascer, o bebê tem puro Id, o Eu (um eu corporal) é uma instância que deverá ir se separando do Id e se integrando sob certas condições.

Em "Três Ensaios" (1905), Freud define a libido como uma expressão da pulsão, como pulsão sexual, seria uma força constante que provém do interior. Ele explica que as pulsões parciais se integrarão na etapa genital, e estas não perdem a sua excitação de zona erógena depois da etapa genital.

Em *Além do princípio do prazer* (1920), Freud afirma que as pulsões são o elemento mais escuro da investigação psicológica. A libido narcisista é uma exteriorização de forças das pulsões sexuais e das de autoconservação.

A pulsão é uma força interna constante (Drang), que ele chama de necessidade e se cancela com a satisfação. Segundo Freud, a atividade do aparato psíquico está submetida ao princípio do prazer, o desprazer aumenta com a tensão e o prazer com o seu cancelamento.

É nesse ponto que quero incorporar a ação do outro significativo com as suas pulsões, mas o que acontece se esse outro significativo não o assiste, ou a sua resposta, regularmente, é distorcionante?

Postulo, então, que o Eu é uma instância que vai se separando do Id e vai se integrando a partir das funções parentais.

Funções parentais ampliadas e identidade de gênero

Na Conferência 31 das *Novas conferências de introdução à psicanálise* (1932/1991, p. 74), Freud diz "Onde era o id, o eu deve advir". O Id, pretexto das pulsões, mas também do desejo dos pais. A pulsão atravessa os espaços psíquicos e busca ao outro (García Badaracco, 2007), é o outro que sustenta e que desperta a pulsão do bebê.

As funções parentais são diferentes atos psíquicos colocados em jogo nas interdependências entre pais e filho/a; fundantes no desenvolvimento da mente do bebê e da criança, que possibilitam a integração do ego.

O bebê tem necessidades: não apenas a satisfação da fome, senão o contato corporal, um apego seguro. Essas necessidades dependem do adulto, não são simplesmente ações, mas que devêm atos psíquicos e vivências (Rotenberg, 2014). Tomo as ideias de Jean Laplanche (1996) para que sejam extensíveis aos pais; a criança também desperta significantes enigmáticos nos pais, gerando-se uma interdependência recíproca.

A passagem do autoerotismo para o narcisismo (Freud, 1914/1992) precisa um novo ato psíquico: o Eu (Rotenberg, 2014, pp. 37-70), mas, como se organiza? Como se integra?

Isso nos conduz ao estádio do espelho proposto por Jacques Lacan (1966/2009), com a mãe como primeiro espelho para a criança, como destacado por Donald Winnicott (1975/1979). A mãe como espelho inclui os desejos e fantasmas maternos/paternos, é uma metáfora que nos mostra que o sujeito humano está formado não só pelo outro, mas sim pelo outro com seus outros. "Tanto para Lacan como para Winnicott, está implicada a ineludibilidade do outro com seu compromisso libidinal" (Rotenberg, 2014, p. 47).

O outro, absolutamente necessário para a constituição do ego, pode ser intrusivo, ausente, devolver um olhar enlouquecedor, ser abandônico, dificultando o advir da subjetividade do filho.

Outro fator a ter em conta no desenvolvimento do filho são os pais (Rotenberg, 2014), que desenvolvem um falso self parental e não podem se relacionar emocionalmente. A falta ou a falha de recursos egoicos parentais influenciará no modo de apego antecipado e das falhas das funções parentais.

Embora se nasça com um sexo biológico, a atribuição de um gênero para o filho por um dos pais estabelece uma marca psíquica (Green, 1983/1993, p. 198); por outra parte, o filho pode se identificar com o personagem dos pais, com a homossexualidade reprimida, com o sexo idealizado de modo inconsciente. Outro caminho seria, no lugar de se identificar, querer ser esse outro/a. Podem ver no bebê recém-nascido, uma menina que morreu antes do nascimento do menino; como vemos, o olhar carregado de fantasmas não elaborados, os desejos parentais insatisfeitos, o bloqueio da investidura libidinal ou a agressividade para com o filho/a são fatores que devemos levar em consideração para abordar estes e outros temas que fogem à neurose ou à psicose. A relação entre irmãos também é um fator a ser considerado. A escolha subjetiva inconsciente da identidade de gênero pode ser a melhor resolução psíquica para um sujeito que deseja continuar com sua existência e não se fragmentar ou se dissolver na angústia.

Quanto às identificações, é o ego que deverá metabolizar as identificações e, nesse sentido, as vivências antecipadas exercerão uma certa facilitação para se identificar com os aspectos mais saudáveis ou com os mecanismos de defesa e os aspectos mais patógenos dos pais.

Considero a qualidade do apego (Bowlby, 1993) como outro ato psíquico parental; a qualidade do apego antecipado poderia influir na definição de identidade de gênero.

Construção da identidade de gênero

A diferença

Considero o tema como um dos mais urgentes hoje para a psicanálise, embora exista uma multicausalidade na construção da identidade de gênero e apesar de que a direção da cura não seja *curá-lo de sua identidade sexual*, alguns meninos reverteram a sua orientação sexual em um processo terapêutico, outros não. Isso não constitui o problema. O que nos interessa nesse ponto é a ação do adulto. Quando querem trocar o nome, o documento de identidade, interferir na produção hormonal de uma criança pequena, pergunto: a criança tem condições emocionais e suficientes recursos egoicos para dizer por si mesma e elaborar essas vivências? Ou teria que esperar para que possa considerar qual é sua própria decisão, metabolizá-la e que não esteja atuando o desejo dos outros? O reconhecimento do filho como outro, a diferença geracional e a aceitação da não completude (aceitação do não tudo).

A desmentida da diferença sexual anatômica é produto de outras desmentidas prévias que intervieram na trama familiar. Enquanto o reconhecimento da diferença sexual anatômica só se consegue se forem construídos organizadores prévios acerca da diferença. O ego se constrói em diferença, mas, para isso,, a trama familiar deve permitir pensar as diferenças.

Palavras finais

Postulo funções parentais ampliadas, organizadoras da mente do filhx. Estas e a construção da categoria de diferença são organizadores psíquicos do self do filhx. Somos testemunhas de uma crise nos referentes simbólicos e devemos repensar certos eixos antes considerados certezas absolutas.

Referências e leitura sugerida

Aulagnier, P. (1994). *Los destinos del placer: alienación, amor, pasión.* Paidós, 1979.

Bleichmar, S. (2010). La identidad como construcción. In *E. ciación Internacional de Psicoanálisis.*

Bowlby, J. (1993). *El apego y la pérdida.* Paidós Ibérica.

Butler, J. (2004). *Deshacer el género.* Paidós.

Freud, S. (1920-2016). Além do Princípio do Prazer. L&pm editores.

Freud, S. (1970). Más allá del principio del placer. In *Obras completas* (Vol. XVIII). Amorrortu, 1920.

Freud, S. (1978). Tres ensayos de teoría sexual. In *Obras completas* (Vol. VII), Amorrortu, 1905.

Freud, S. (1991). Conferencia 31: nuevas conferencias de introducción al psicoanálisis y otras obras. In *Obras completas* (Vol. XXII, pp. 53-74). Amorrortu, 1932.

Freud, S. (1992a). Introducción al narcisismo. In *Obras completas* (Vol. XIV, pp. 65-98). Amorrortu, 1914.

Freud, S. (1992b). Algunas consecuencias psíquicas de la diferencia anatómica entre los sexos. In *Obras completas* (Vol. XIX, pp. 255-276). Amorrortu, 1925.

Freud, S. (1992d). Pegan a un niño. In *Obras completas* (Vol. XVII, pp. 173-200), Amorrortu, 1919.

Freud, S. (1992e). Sobre la sexualidad femenina. In *Obras completas* (Vol. XXI, pp. 223-244). Amorrortu, 1931.

Freud, S. (1992f). El yo y el ello. In *Obras completas* (Vol. XIX, pp. 3-66). Amorrortu, 1923.

Freud, S. (1992g). Nuevos caminos de la terapia psicoanalítica. In *Obras completas* (Vol. XVII, p. 155). Amorrortu (Redatado originalmente em 1918, publicado originalmente em 1919).

Freud, S. (1992h). Pulsiones y destinos de pulsión. In *Obras completas* (Vol. XIV, pp. 105-134). Amorrortu, 1915.

García Badaracco, J. (2007). *El mundo de las «interdependencias recíprocas»*. Trabalho inédito.

Green, A. (1993). El género neutro. In *Narcisismo de vida, narcisismo de muerte* (pp. 196-208). Amorrortu, 1983.

Lacan, J. (2009). El estadio del espejo como formador de la función del yo (*Je*) tal como se nos revela en la experiencia psicoanalítica. In *Escritos I* (pp. 99-105). Siglo XXI, 1966.

Laplanche, J. (1996). *La prioridad del otro en psicoanálisis*. Amorrortu.

Rotenberg, E. (2010a). La homosexualidad y el deseo de un hijo: su impacto en la parentalidad. In E. Rotenberg & B. Agrest Wainer (Comp.), *Homoparentalidades. Nuevas familias* (pp. 99-112). Lugar Editorial.

Rotenberg, E. (2010b). Homoparentalidades, adopción y filiación. In E. Rotenberg & B. Agrest Wainer (Comp.), *Homoparentalidades. Nuevas familias* (pp. 121-126). Lugar Editorial.

Rotenberg, E. (2014). La función parental verdadero *self*, base de la integración del yo. In E. Rotenberg (Comp.), *Parentalidades, interdependencias transformadoras entre padres e hijos* (pp. 37-70). Lugar Editorial.

Rotenberg, E. (2016). Padres del mismo sexo y pensar la génesis de la definición de género en los niños. In P. Alkolombre & C. Sé Holovko (Comp.), *Parentalidades y género* (pp. 139-146). Letra Viva.

Rotenberg, E. (2017). Parenthood for same sexcouples and gender definition in children. In C. Sé Holovko & F. Thomson-Salo (Eds.). *Changing sexualities and parental functions in the twenty-first century* (pp. 117-132). Karnac.

Rotenberg, E. (2018).El sujeto buscando su identidad sexuada: complejidades en el siglo XXI, *Revista de Psicoanálisis*, 33(84), 913-944.

Stoller, R. (1975). *Perversion: the erotic form of hatred*. Pantheon.

Winnicott, D. (1979). *El proceso de maduración en el niño.* Editorial Laia, 1975.

22. Sobre a transmissão psíquica da identidade de gênero em famílias homoparentais

Manola Vidal
Márcia Renata Barroso
Mariza Moreno

Introdução

Como podemos compreender a transmissão psíquica da identidade primária de gênero em famílias homoparentais? Partindo da premissa de que a identidade de gênero também compreende processos ligados ao papel de gênero e orientação sexual, procurou-se realizar uma contribuição a partir da relação entre identidade primária de gênero, processos de transmissão psíquica e determinada concepção de bissexualidade. A apropriação psicanalítica do conceito de gênero pode ser compreendida por duas formas de abordagem: a metapsicológica e a dos processos de identificação-desidentificação.

A abordagem meta-psicológica é representada principalmente por Jean Laplanche, e a dos processos de identificação-desidentificação tem como ponto de partida os trabalhos de Greenson (1966, 1968) e Stoller (1966, 1968) pelo conceito de identidade de gênero nuclear. Ambas as abordagens partem da premissa de que o processo de construção da identidade de gênero é um organizador do psiquismo. A abordagem metapsicológica diferencia o conceito de gênero do da sexualidade, com uma posição crítica sobre a proeminência da fase fálica na compreensão da identidade sexual por girar em torno de dicotomias (fálico/castrado, masculino/feminino, edípico/pré-edípico), o que não contempla sua dimensão intersubjetiva, como bem representado pela teoria da sedução primária em Laplanche (1988). Porém, será por intermédio dos processos de identificação-desidentificação que se investigou sobre a transmissão psíquica da identidade de gênero em famílias homoparentais, justificada pela posição de que a construção da identidade de gênero primária se assenta em um espaço de tensão relativo à dinâmica dos processos de introjeção e projeção em interação com o conceito da bissexualidade primária.

A transmissão psíquica da bissexualidade se constitui na internalização das funções materna e paterna por intermédio dos processos de transgeracionais (Guignard, 1996), sendo um conjunto masculino-feminino, um "complexo" psico-corporal-sexual que se tornará cada vez mais psíquico (Haber, 1997). É na relação com a mãe que se constitui a bissexualidade psíquica primária da qual a secundária se origina. A diferenciação que a bissexualidade secundária estabelece se inicia com a apreensão, pelo bebê, de um olhar materno diferente daquele que lhe é dedicado, o olhar da mãe para o pai. O olhar para o pai evidencia os processos transgeracionais pela valorização materna do intercurso sexual. A bissexualidade psíquica secundária refere-se a relações com objetos totais, a posição depressiva e aos conflitos edípicos, pressupondo processos inter e intrapsíquicos. Essa posição, a de investigar fazendo uso dos processos de identificação-desidentificação, a transmissão psíquica da identidade de gênero em famílias homoparentais não é essencialista, dicotômica ou binária, pois articula o intrapsíquico e o intersubjetivo aos processos de produção da subjetividade sexuada.

A homoparentalidade

Formas inéditas de parentalidade nos confrontam com a fragilidade da ordem simbólica hegemônica da família patriarcal e do monopólio feminino no cuidado da infância (Dinnerstein, 1999).

O conhecimento psicanalítico investiga configurações não mais exclusivamente heterossexuais, monogâmicas ou nucleares. No Brasil, as relações homoafetivas foram reconhecidas pelo Conselho Nacional de Justiça, que autorizou o casamento entre pessoas do mesmo sexo, seja por habilitação direta, seja por conversão de união estável (OAB-RJ Digital).

A definição de família homoparental é a de que pessoas a cargo da criação dos filhos e das filhas não se inscrevem no modelo de heterossexualidade (Zambrano, 2006), o que contempla a população LGBTQIAPN+[12], foi cunhado na França, em 1996, pela Associação dos Pais e Futuros Pais Gays e Lésbicos a partir da luta pelo reconhecimento social de direitos políticos e de que a qualidade do cuidado determinante para a parentalidade não se relaciona com o sexo biológico dos pais.

Essa configuração familiar expandiu diferentes técnicas oferecidas pela medicina reprodutiva na construção de suas experiências de parentalidade, permitindo a geração fora do coito parental e sem a relação cromossômica dos pais. O lugar ocupado pela criança nessa configuração é frequentemente investigado por sua comparação com famílias heterossexuais. Apesar de resultados demonstrarem

12 Sigla que abrange pessoas que são Lésbicas, Gays, Bi, Trans, Queer/Questionando, Intersexo, Assexuais/Arromânticas/Agênero, Pan/Poli, Não binárias e mais.

(Patterson, 1987) não haver diferenças significativas em termos de presença de eventuais conflitos de personalidade ou desenvolvimento, de orientação sexual ou adequação social (Roudinesco, 2003), seu uso é criticado por se pautar na saúde heterossexual como um padrão de adaptação e normalidade.

A psicanálise não compreende que os papéis materno e paterno estejam determinados pelo sexo biológico, mas reconhece que tais papéis estão ligados a funções. Os processos ligados à constituição psíquica compreendidos a partir de seus pressupostos básicos (sexualidade infantil, complexo de Édipo, inconsciente) permitem um posicionamento crítico em relação à normatização da complementaridade entre os sexos dos genitores em relação aos papéis e as funções parentais.

Na origem do termo parentalidade, há dois precursores: Therese Benedek e Paul-Claude Recamier. Benedeck (1959) compreende, por intermédio da teoria da libido, que os investimentos pulsionais seriam moduladores dos processos intrapsíquicos de introjeção e projeção ligados à representação psíquica do bebê e sua responsividade, atuando de forma a tornarem-se parte do superego paterno e materno. Já em Racamier (1961),o termo *parentalité* surge a partir da escuta psicanalítica pais-bebê em hospital psiquiátrico. Os autores primeiramente apresentam o termo *maternalité* para designar os conjuntos de processos psicoafetivos que se desenvolvem durante o ciclo reprodutivo na mulher. Em seguida, incluem os termos *parentalité* como consequência lógica de observações clínicas de casais que revivem conflitos arcaicos, a partir da presença concreta do bebê.

Assim, antes restrito à psicopatologia, o termo parentalidade torna-se uma concepção de estado psíquico característico. A partir de Serge Lebovici (1987) e René Clément (1985), o discurso da parentalidade passou a ser utilizado para as famílias em geral.

Bissexualidade primária e transmissão psíquica

Compreendendo que os aspectos transgeracionais estão entrelaçados às relações de parentesco e filiação, e que o desenvolvimento infantil está ligado a um lugar da criança na família investido por desejo (Amazonas & Braga, 2006), podemos diferenciar papel de função parental. No exercício dos papéis estão os pais reais, e nas funções, uma dinâmica relacionada à construção do psiquismo. Compreende-se então que a construção do psiquismo está ligada à parentalidade enquanto função psíquica. A função parental pode ser compreendida tanto pela triangulação edípica como pelos processos de fusão e desfusão característicos do desenvolvimento emocional primitivo relativo à dupla mãe-bebê. Dessa forma, a dinâmica relativa à função parental organiza-se a partir da articulação entre o intrapsíquico e o intersubjetivo.

Essa articulação nos aproxima de Houzel (2004) que sistematizou o processo de parentificação em 3 eixos: o exercício da parentalidade, a experiência da parentalidade e a prática da parentalidade. O exercício é compreendido como o mais próximo do jurídico, como um direito que funda e organiza os laços de parentesco e, com eles, direitos e deveres. A experiência de parentalidade é subjetiva, consciente e inconsciente, presente no processo do vir a ser, da transição para a parentalidade ligado ao desejo pela criança. A prática da parentalidade se relaciona aos papéis maternos e paternos de cuidado com as tarefas cotidianas com os filhos.

A partir de premissas apresentadas por Houzel, localizaremos teoricamente a parentalidade homoafetiva em sua relação com a bissexualidade e os processos de transmissão psíquica da identidade primária de gênero. Na premissa de que será a partir do desejo pela criança que se inicia o processo de transição à parentalidade, o autor se aproxima de Freud (1923) por compreender que tal transição se relaciona com a dinâmica do complexo de Édipo completo, positivo e negativo, em relação ao qual os investimentos e as identificações com os pais perlaboram a bissexualidade. Para Houzel, a bissexualidade é compreendida a partir da fantasia de fusão, o que nos remete ao conceito de bissexualidade primária como um dos constituintes da transição à parentalidade e foi influenciada por Wilfred Bion e Frances Tustin.

Ao investigar o *splitting* da bissexualidade em crianças autistas, Houzel (2004) cita a influência das pesquisas de Tustin (1975) sobre as patologias da alteridade com crianças e suas descobertas sobre a descontinuidade na sequência boca-mamilo-seio. Essa descontinuidade estaria ligada ao nascimento psicológico prematuro, uma consciência prematura de separação. Houzel focaliza em Tustin a premissa de que a patologia da alteridade está ligada à não integração da bissexualidade psíquica. Tustin faz uma entre experiências sensíveis, de sensações suaves relacionadas à receptividade e sensações pesadas relacionadas à atividade da penetração. A suavidade-receptividade e a dureza-entrada-penetração seriam constituintes da bissexualidade psíquica. Na mamada, o mamilo duro e o seio suave são um objeto combinado, masculino e feminino. A não integração boca-mamilo-seio resulta na patologia da alteridade, pois existiria uma dissociação entre o masculino e o feminino que produz uma consciência prematura de separação entre o self (suave e feminino) e o não self (duro e penetrante) quando não há possibilidade de simbolização.

Houzel expande tais premissas questionando: como a sequência boca-seio-mamilo, self e não self, masculino e feminino são unidos antes da dissociação ou do nascimento psicológico adequado? Para Houzel (2005), existiria um nível mais primitivo no qual masculino e feminino estariam costurados, com o elemento masculino reforçando o feminino e vice-versa. O componente masculino, costurado ao feminino, não permitiria que a mente continente da mãe se deformasse em sua função psíquica continente ao receber as projeções do bebê. O elemento masculino mediaria a relação entre o sujeito e o objeto justamente como o mamilo que fica entre a boca (bebê) e o seio (mãe). Aqui a integração da bissexualidade se refere à complexa função complementar entre seio e mamilo.

Flexibilidade-receptividade pertencem ao lado feminino do continente, enquanto consistência e orientação, ao lado masculino. Em nível mental, corresponde às identificações masculino e feminino unidas em uma harmoniosa relação. O bebê remete suas projeções para a bissexualidade da mente continente materno em seu nível mais primitivo, que é a do masculino e feminino costurados. Se no continente materno a bissexualidade não está integrada, masculino e feminino costurados, há um risco da mente da mãe se deformar ao receber as projeções do bebê. Assim, duas formas de ligação sustentam a bissexualidade: a ligação do mamilo que cria a relação com a mãe e a ligação do pênis enquanto objeto do mundo interno da mãe. Existiria, portanto, em todos nós, três níveis de bissexualidade psíquica: um primeiro nível continente-conteúdo, masculino feminino costurados, integração da bissexualidade; o segundo nível: relação de objeto parcial, com a ideia do pênis paterno enquanto um objeto interno da mãe; e o terceiro nível: o da relação de objeto total, no qual a bissexualidade está ligada à conflitiva edípica relativa à escolha de objeto sexual e identificação com pessoa do mesmo sexo (identificação que não é inflexível, pois as identificações sempre dependem de um certo grau de equilíbrio).

Conclusão

O desejo pela criança nas famílias homoafetivas converge para um estado de maturidade psíquica relativo à transmissão da vida. A referência ao complexo de Édipo utilizada por Houzel é ampliada para além da identificação com o genitor do mesmo sexo, dando lugar ao desejo de reparação dos objetos parentais danificados na fantasia. A fecundidade do casal homoparental restauraria a fecundidade fantasmática de suas imagos parentais permitindo a identificação com o desamparo do bebê. A função materna relativa à mente continente da mãe demonstrou ser independente da identidade de gênero e da escolha de objeto sexual, por se referir ao funcionamento do psiquismo a partir da teoria conteúdo-continente.

Dessa forma, a transmissão psíquica da identidade primária de gênero nos remete à integração da bissexualidade no processo de parentificação.

Referências

Amazonas, M. C. L. A., & Braga, M. G. R. (2006). Reflexões acerca das novas formas de parentalidade e suas possíveis vicissitudes culturais e subjetivas. *Ágora*, 9(2), 177-191.

Benedeck, T. (1959). Parenthood as a developmental phase. *Journal of the American Psychoanalitic Association*, 389-417.

Brasil. (2011). Supremo Tribunal Federal. Ação Direta de Inconstitucionalidade n. 4.277 – Distrito Federal. Relator: Ministro Ayres Britto. Brasília.

Clément, R. (1985). *Parentalité et dysparentalité, le groupe familial.* FNEPE.

Dinnerstein, D. (1999). *The mermaid and the minotaur.* Harper & Row.

Freud, S. (1923). A organização genital infantil. In S. Freud, *Edição standard brasileira das obras psicológicas completas de Sigmund Freud* (J. Salomão, trad., Vol. XIX, pp. 177-79). Imago.

Greenson, R. (1966). A transexual boy and a hypothesis. In *Explorations in psychoanalysis* (pp. 389-304). International Universities Press.

Greenson, R. (1968). A disidentifyng from mother: its special importance for the boy. In *Explorations in psychoanalysis* (pp. 305-311). International Universities Press.

Guignard, F. (1996). *O infantil ao vivo.* Imago.

Haber, M. (1997). Identité, bisexualité psychique et narcissisme. In *Bisexualité*. Monographies de la *Revue Française de Psychanalyse*. PUF.

Houzel, D. (2004). As implicações da parentalidade. In M. C. P. da Silva, (Org.), *Ser pai, ser mãe: parentalidade; um desafio para o terceiro milênio* (pp. 47-56). Casa do Psicólogo.

Houzel, D. (2005). *Invisible boundaries: psychosis and autism in children and adolescents (psychology, psychoanalysis & psychotherapy)*. Karnac.

Laplanche, J. (1988). Da teoria da sedução restrita à teoria da sedução generalizada. In J. Laplanche. *Teoria da sedução generalizada e outros ensaios* (pp. 108-125). Artes Médicas.

Lebovici, S. (1987). O bebê, a mãe e o psicanalista. Artes Médicas.

Patterson, M. (2004). Não podemos falhar – A busca da normalidade em famílias homoparentais. In M. Grossi, A. P. Uziel & P. Mello. *Conjugalidades, parentalidades e identidades lésbicas, gays e travestis*. Garamond.

Racamier, P. C., Sens, C., & Carretier, L. (1961). La mère et l'enfant das les psychoses du post-partum. *L'évolutionpsychiatrique*, *26*(4), 525-557.

Roudinesco, E. (2003). *A família em desordem*. Zahar.

Stoller, R. J. (1966). The mother's contribuition to infantile travestic behavior. *Int. J. Psycho-Anal*, *47*, 384.

Stoller, R. J. (1968). *Sex and gender. The development of masculinity and femininity*. Karnak Books.

Tustin, F. (1975). *Autismo e psicose infantil*. Imago.

Zambrano, E. (2006, jul./dez.). Parentalidades impensáveis. *Horizontes antropológicos, ano 12*, 123-147.

23. *Coisa de menina:* implicações e atribuições do feminino no atendimento de uma adolescente

Marianna Ramos e Oliveira

Sabe-se que Winnicot se interessava, ao começar um trabalho com uma criança, por questionar o que ela gostaria de ser quando crescesse. Para mim, a resposta para essa pergunta era sempre a mesma: *quero ser escritora*. Historicamente, não é mera coincidência que uma criança do sexo feminino clame por espaço de fala e registro, sendo herdeira de uma "luta inacabada entre forças assimétricas na sociedade humana" (Scarfone, 2019, p. 113). Também não poderia me dissociar das influências culturais que recebi na infância e daquilo que me foi oferecido não como criança, mas como menina.

Isso é coisa de menina é uma expressão bastante repetida em nossa cultura, tipicamente com conotação pejorativa ou restritiva. Mas será mesmo que existem elementos exclusivos ao universo feminino ou masculino? Proponho, com um aprofundamento de abordagem à expressão escolhida para o título deste trabalho, e traduzi-la para experiências absolutamente individuais, ainda que culturalmente embasadas.

Foucault (1984/2020) estima que foi a partir do século XIX que os códigos morais se tornaram mais limitantes, com a expressão da sexualidade sendo encerrada ao quarto dos pais e circunscrita ao valor reprodutivo. A todo o restante, e aqui podemos estimar então que à vasta maioria da experiência sexual autêntica e individual, restava encobrir-se. Como ficou a concepção do feminino, entretanto, na teoria e no imaginário? E como se apresentam as possibilidades de expressão da sexualidade hoje em nossos consultórios?

Faço-me valer da afirmação de Scarfone (2019) de que a psicanálise não tem como definir o que é feminino sem, ao mesmo tempo, prescrever o termo. A própria palavra *feminino* carrega em si uma dicotomia intrínseca na contraposição a sua outra metade, o *masculino*. Essa concepção dual é pautada em aspectos concretos da visibilidade anatômica: ter ou não ter um pênis. A apreensão do corpo, entretanto, diz respeito a uma dimensão subjetiva da percepção, sendo sempre imaginária, inscrita sobre uma estruturação de fantasia e simbolização de desejos (Ayouch, 2014). Assim, torna-se possível pensar mais em sobreposições de aspectos femininos e masculinos do que em divisões propriamente ditas.

A compreensão do sexual é definida aqui, portanto, com caráter múltiplo e polimorfo. Quanto ao gênero, compreendido enquanto expressividade do Eu, que precede e organiza as fantasias sobre o sexo biológico (Butler, 2003), admite-se ainda uma dimensão social e familiar. Os papéis de gênero esperados são expressos, inicialmente, pelas primeiras atribuições do adulto para a criança. Escolhem-se as roupas, as cores e os brinquedos, enquanto formulam-se também profundas expectativas dos pais. São justamente esses conflitos entre as expectativas e as reais possibilidades de significação do Eu que apareceram em uma situação clínica com uma paciente pré-adolescente, descrita a seguir.

A atribuição feminina pelo olhar dos pais

O meu primeiro contato com Maria, mãe da paciente Angélica, foi em um grupo de conversa para mães que coordenei, cerca de dois anos antes da chegada da adolescente como paciente. Na ocasião, ela me disse que insistia em vestir suas filhas (na época com 10 e 8 anos de idade) com roupas iguais combinadas às da mãe, mas que Angélica, a filha mais velha, vinha protestando e já não gostava dos vestidos e laços. Como resposta, falei sobre a importância de limites flexíveis, com espaço para alteridade e discordância, de modo a favorecer o desenvolvimento da individualidade. Lembro-me de ser recebida pelo grupo com olhares frustrados das mulheres, que voltaram a afirmar que ficava muito *bonito* quando as roupas das *meninas* eram combinadas.

Quando Maria voltou a me procurar, dois anos depois, acompanhada do marido, eles trouxeram com eles a imagem de uma criança bastante triste, entrando na adolescência com muita dor. Os dois apresentaram profundas expectativas frustradas quanto à *menina*. A *Angélica* que eles concebiam era, como o nome fictício que escolhi, idílica, etérea e delicada. A personificação do feminino como concepção binária, de expressão passiva e suave, receptora e gestante dos desejos dos pais. Eles traziam uma oposição entre criança/adolescente, feminina/masculina, feliz/triste. *Você acha que ela pode ser homossexual?*, a mãe me questionou nessa primeira entrevista. *O que te leva a pensar isso, quando observa a sua filha?*. Ela não precisou pensar sobre essa pergunta, a resposta já estava colocada: *porque ela escolhe roupas de cores escuras, recusa os vestidos de princesa, prefere o cabelo curto e só quer saber de histórias de terror, que não são coisas de menina*.

As angústias dos pais na entrevista comunicaram concepções pré-formadas sobre a sexualidade. Seu discurso caracterizava a feminilidade com uma compreensão apoiada na fantasia da falta originária, na qual as características da menina se afirmam pelo que ela não tem (pênis) e pelo que não pode ser. Na ocasião, eu disse a ela que mais importante e anterior à discussão sobre homossexualidade era observar a necessidade que Angélica expressava de ser reconhecida e que, para mim, ela parecia ser uma pessoa sensível e profunda, que estava sofrendo.

Encontro de meninas

Angélica chegou à primeira sessão um pouco tímida, usando uniforme escolar e observando tudo com grandes e expressivos olhos azuis. Deixei aberta a porta entre a sala de crianças e a de adultos, compreendendo que ela estava em um momento de travessia para a adolescência. Ela decidiu sentar-se à mesinha de crianças e fez um desenho de um rosto feminino com lápis azul. O resultado transmitia uma imagem de pouca definição, como se o rosto estivesse debaixo d'água. Os olhos desenhados olhavam de lado e o semblante era triste. Era só um rosto e pescoço flutuantes, já que seu corpo se materializava de forma confusa e indefinida para ela agora, com muitas mudanças. *Essa menina se parece com você*, eu lhe disse, e, *você desenha muito bem. As pessoas choram aqui? Eu vi lenços na outra sala.*

O começo do trabalho com Angélica foi assim, com incontáveis desenhos e lágrimas. Uma de suas pinturas mais bonitas revelava um conjunto de casinhas agrupadas e envoltas por uma redoma, vistas a distância. Em primeiro plano, estava uma figura de planeta com formas de casas miúdas, indefinidas. *Essas são as casas como as entendemos, mas não são as mesmas para todo mundo, por isso coloquei as perspectivas e os espaços.* Existia um universo de casas continentes e aspectos criativos dentro dela, mas os espaços internos eram limitados e pouco receptivos, sem portas ou janelas (Bion, 1961/1991). Afinal "não se nasce mulher, torna-se mulher" (Beauvoir, 1949/2019), não como destino biológico, mas como construção individual que virá a qualificar o feminino como possibilidade de expressão do Eu em continência e criatividade.

A exigência é um aspecto significativo da Angélica, e a vontade de ser querida, aceita e admirada. Muitas vezes, noto que ela me apresenta uma versão editada de si mesma, usando a feminilidade como máscara (Riviere, 1929/2005) ou o inverso, escondendo e negando a feminilidade. Ela parece pensar que uma Angélica menos passiva (no sentido de submissão) é o equivalente a uma Angélica menos passível de sentimentos. Ela diz não se importar com quase nada, como se isso a fizesse mais forte e potente.

Em conversas com ela, algumas vezes direciono a interpretação para mim mesma, dizendo que: *se eu estivesse me sentindo pouco querida, penso que ficaria triste e com medo de me relacionar*, o que normalmente a ajuda a admitir suas emoções, demonstrando algum alívio por poder fazê-lo. Pensando sobre esse nível de interpretação a posteriori, verifica-se, com pacientes limítrofes e estados mentais primitivos, a importância de equilibrar a necessidade de o paciente se responsabilizar por seus sentimentos, e a premência do analista de contê-los (Bion, 1962/1994).

Com cerca de um ano e meio de trabalho, abro a porta para encontrar uma Angélica de cabelos curtinhos, camisetas largas e coturnos. Está namorando um menino e vivendo uma experiência afetiva intensa. Depois da chegada dele na sua vida, ela me indaga mais (na verdade a si mesma) sobre a sua sexualidade, suas identificações e interesses. Questiona sua própria feminilidade e insiste, como os pais, em demarcar quem é de forma binária: pela diferença, pelo contraste.

A sua não aceitação da feminilidade não parece ser uma expressão ontológica, mas defensiva (Ayouch, 2014). Ela projeta nas outras mulheres e meninas à sua volta suas fantasias da receptividade como algo invasivo e possivelmente parasitário. Caso aceite e acolha algo dentro dela, não seria mais ela mesma, mas um ser confundido e misturado. Assim, na impossibilidade de introjeção das diferenças para o desenvolvimento do pensamento, Angélica parece funcionar prioritariamente de maneira evacuativa, tentando livrar-se de objetos internos sentidos como ameaçadores (Bion, 1961/1991).

No namoro e nas relações com as amigas, a percepção das diferenças é vivida com ameaças de ruptura. Ela é exigente, então acaba sentindo que tudo o que recebe é insuficiente. Para não sofrer, reage com desprezo. Nesse processo projetivo de tentar escapar às frustrações implicadas no vínculo, o resultado acaba sendo sentir-se mais sozinha.

A mente em constituição

Considerando os questionamentos dos pais e da própria Angélica quanto à sua homossexualidade, abstenho-me aqui, como em conversas com eles, de emitir qualquer comentário que possa ser simplificado ou reducionista. A etapa de desenvolvimento psíquico e o momento em que se encontra o processo de análise da Angélica parecem anteceder a edificação de uma bissexualidade psíquica primária, o que indica, portanto, um estado de mente anterior à definição de amor objetal completa. Afinal, antes que a genitalidade tenha uma função específica, discriminando posições femininas e masculinas, a sexualidade é infantil (Freud, 1905/1996).

Considero que, mais importante do que o destino final da genitalidade, são as aquisições de possibilidades verdadeiras e profundas de vinculação e permanência, componentes essenciais da experiência emocional. Angélica exercita sua condição de interesse, carinho e investimento afetivo, observa-se e começa a conhecer aspectos vinculares como funções próprias do seu Eu. Ainda assim, seu movimento mental se apresenta, na maior parte do tempo, de maneira projetiva, estando ainda por construir um espaço mental ampliado que possa tornar-se continente de ambivalências (Bion, 1961/1991).

Na oposição que Angélica faz, afirmando-se *diferente* de outras mulheres e definindo-se pelo contraste, a negação pode ser interpretada como afirmação de existência. Observa-se também a perpetuação de divisões binárias e de informações sobre sexualidade e feminilidade elaboradas e transmitidas por gerações precedentes. Ao mesmo tempo que ela questiona as diferenças entre homens e mulheres e seus papéis sociais, ela se utiliza dos mesmos aspectos duais para estabelecer uma concepção inicial de si mesma. Pode-se pensar, assim, que essas divisões ainda sejam úteis para organizar o pensamento, e que, não sendo possível que sejam abolidas, possam vir a ser pensadas, significadas e atualizadas.

Para Angélica, nesse momento, o feminino simbólico parece se fundamentar pela transmissão transgeracional de significantes perturbadores do desenvolvimento mental (Korosteleva *et al.*, 2020). A menina se identifica com a mulher-mãe que sente como impotente; e a mãe, por sua vez, parece se identificar com a feminilidade apresentada pelo pai perdido prematuramente, e colorida por este luto.

Maria, única menina entre quatro irmãos, perpetua uma história de obediência e diferença demarcada por impossibilidades. Aos irmãos, tudo era permitido; à *menina*, o aceitável dizia respeito *apenas* à polidez, aceitação da falta e docilidade. Com a concretude da morte do pai em sua adolescência, a discordância dessas regras e a introjeção de uma feminilidade ativa e potente podem ser sentidas como formas de rejeição a um objeto amado. Assim, o feminino persiste comsignificado de maneira limitante, fantasia com a qual a filha se identifica e protesta. Dizendo de outro modo, parece haver uma presença marcante dos conflitos infantis da mãe, revividos e atualizados de forma obstrutiva na relação com a filha. Angélica, na sua busca por sobreviver psiquicamente e desenvolver um espaço mental individual, assume recursos projetivos de defesa, rejeitando os significantes femininos transmitidos (Trachtenberg, 2017).

Espero que o processo de análise com essa paciente possa favorecer o desenvolvimento de concepções mais consistentes e amplas do feminino, que contenham aspectos e possibilidades diversas, autênticas e dissidentes. Scarfone (2019) traz possibilidades de solução nesse sentido ao destacar a substituição da palavra passividade (na descrição do feminino) por passibilidade, significando a capacidade de experimentar sensações e sofrer. Observo que Angélica interpreta "não sentir, não conter, não sofrer" como conquistas de força. Na minha perspectiva, entretanto, como outra representante do *universo das meninas*, a condição de se fazer presente e capaz de atravessar emoções sem evadir-se, deixando-se *habitar*, *assombrar* e *transformar*, constitui uma das possibilidades mais potentes do feminino. Condição essa que pode culminar no desenvolvimento de recursos criativos, de solidariedade e de humor.

O lugar da sexualidade e, mais especificamente, do feminino na cultura é um assunto em pauta por sua complexa diversidade. A perpetuação de discursos saturados, seja no âmbito familiar ou nas relações macrossociais, pode funcionar como um engessamento da autenticidade. Dessa forma, é apenas abrindo mão dos "rótulos" que podemos encontrar, em meio a diferenças e particularidades, elementos de unicidade que podem vir a ser *coisas de menina*. As minhas impressões da Angélica aparecem nesse texto como representantes de um clamor que podemos alcançar dentro de cada um de nós: a urgência de existir e de ser reconhecido de forma respeitosa. Concluo com a ideia de que essas, na verdade, são coisas *de ser gente*.

Referências

Ayouch, T. (2014). A diferença entre os sexos na teorização psicanalítica: aporias e desconstruções. *Revista Brasileira de Psicanálise, 48*(4), 58-70.

Beauvoir, S. (2019). *O segundo sexo:* fatos e mitos. Nova Fronteira 1949.

Bion, W. R. (1991). Uma teoria do pensar. In *Melanie Klein hoje: artigos predominantemente teóricos* (B. Mandelbaum, trad. Vol. 1). Imago 1961.

Bion, W. R. (1994). *Estudos psicanalíticos revisados (Second thoughts)* (W. M. Dantas, trad.). Imago. (Trabalho original publicado em 1962). 1962.

Butler, J. (2003). *Problemas de gênero: feminismo e subversão da identidade.* (R. Aguiar, trad). Civilização Brasileira.

Foucault, M. (2020). *História da sexualidade 1:* a vontade de saber. (M. T. Albuquerque, trad.). Paz e Terra, 1984.

Freud, S. (1996). Três ensaios sobre a teoria da sexualidade. In S. Freud, *Edição standard brasileira das obras psicológicas completas de Sigmund Freud* (J. Salomão, trad., Vol. VII). Imago, 1905.

Korosteleva, I., Ulnik, J. C., Kudryavtseva, A., & Ratner, E. (2020). Transmissão transgeracional: o papel do objeto transmitido no desenvolvimento do sintoma psicossomático. *IDE, 42*(69), 225-239.

Riviere, J. (2005). A feminilidade como máscara. *Psychê, 9*(16), 13-24, 1929.

Scarfone, D. (2019). O feminino, o analista e o teórico infantil. *Revista Brasileira de Psicanálise, 53*(2), 113-125.

Trachtenberg, A. R. C. (2017). Transgeracionalidade: sobre silêncios, criptas, fantasmas e outros destinos. *Revista Brasileira de Psicanálise, 51*(2), 77-89.

24. Adão ou Eva? Reformulações psicanalíticas do feminino na escrita

Liliana Hernández Almazán

Introdução

Freud, em sua palestra sobre "A feminilidade" (1932) afirma que a anatomia não é suficiente para definir o que faz uma mulher ou um homem. No entanto, na psicanálise, as posições falocêntricas têm permeado – um par de opostos fálico-castrado – e a literatura certamente não escapou a esse binarismo. O feminino acabou sendo representado em oposição ao masculino, seu negativo, seu reverso, uma alteridade inexpugnável e temida. Psicanalistas como Aulagnier (1968), Dolto (1998), ou Winnicott (1966) reformularam o feminino como a origem da criatividade, o ser antes de o fazer.

De mãos dadas, escritores como Woolf, Flaubert, Yourcenar nos puseram a refletir sobre a espantosa capacidade do gênero que transcende à escrita. Assim, explicaríamos a sutileza de um homem para desenhar na nossa pele a psique de uma mulher, como a Madame

Bovary. Por exemplo, McDougall reassume a bissexualidade inerente, sugerindo que a parte criativa tem a ver com a integração das partes "masculinas" e "femininas" de nós. McDougall (1993) também propõe "identificações cruzadas com o pai do outro sexo, que servem para criar uma espécie de par interno que dá origem a um novo projeto ou ideia" (p. 154). Escrever não é sobre XX ou XY.

Dark continent

Freud (1932) insiste na palestra "A feminilidade": "O enigma da feminilidade tem deixado os homens de todos os tempos pensativos, a anatomia não é suficiente para definir o que faz uma mulher ou um homem" (p. 105), e ele retrata sua posição do ano anterior em "Sobre a sexualidade feminina". E depois de Freud, o enigma persistiu...

Durante muitos anos, o retrato literário tinha mantido uma ordem quase hegemônica: as grandes obras da literatura vinham das mãos de homens como Shakespeare, Tolstoi, Faulkner etc. As mulheres começaram a emergir com escassez e ilegitimamente na literatura menor: o diário, que era visto como algo no reino do confessionário, infantil ou apaixonado.

Com o tempo, construiu-se uma polarização em torno do par de opostos fálico-castrado, e a literatura certamente não escapou, e se ouviu proclamar que a escrita feminina estava enraizada no fálico: aquela caneta que dança entre o tinteiro e a página em branco. Esses mundos dicotômicos estabelecem um cânone: "as mulheres escrevem de tal e tal maneira e por tal e tal razão", ao contrário dos homens que escrevem de outras maneiras e, é claro, sublimando suas pulsões. O feminino acabou sendo representado em oposição ao masculino, seu negativo, seu reverso, uma alteridade inexpugnável e temida. O feminino foi estruturado e articulado como o que não é, ou o que não deveria ser, um lugar proscrito que convoca horror, rejeição, escárnio e vergonha. O feminino e o abjeto, como aponta Kristeva (1980): "estar além do limite, atravessar o limite e provocar o seu apagamento... como aquilo que está sempre inscrito na lógica da exclusão como lei desrespeitada e objeto caído que escapa à ordem racional e simbólica, num ato de transgressão e de diferenciação" (p. 22).

De certa forma, o feminino é equiparado ao que é estrangeiro, infelizmente muitas vezes exilado. Mas o terror do feminino foi bem pensado por Françoise Dolto, que menciona que "a mulher é para o homem aquele que representa as pulsões da morte", ou seja, a mulher extrai seu poder ao homem, e o incita, como o pai da família que ele é, a sair para trabalhar, é ela quem o extrai das energias que ele poderia usar em outro lugar, ela é uma castradora. E quem foi Madame Bovary para Charles, para Rodolphe ou para Léon? Emma Bovary (Roualt, na verdade) foi quem, como as Parcas, cortou o fio da sua pequena filha, deu à luz, cortou o cordão umbilical e a entregou à ama-de-leite. "É a mulher, ou quem representa a mãe, que corta num golpe o desejo da criança de se identificar com ela quando nos damos conta de que ela tem uma fenda sexual" (Dolto, 1998). Com a fenda aparece aquele *dark continent* (continente escuro) sobre o qual Freud se perguntava. No caso das Moiras, Parcas para os Romanos, elas são filhas da Noite, encarregadas de fabricar o fio da vida; Cloto representa o passado; Lachesis é uma metáfora do presente, é quem mede o fio ou torce o novelo; Atropos, encarregada do pedaço de fio que será cortado, a certeza da própria morte. As três trabalham no escuro e escondidas da vista, num espaço inacessível para os humanos. As fiandeiras habitam num espaço invisível ao qual pertence aquilo que não tem reconhecimento no gênero masculino, um espaço clandestino porque pertence a uma genealogia exclusivamente feminina (como o anonimato de Emily Dickinson ou Juana de Asbaje).

Por outro lado, não esqueçamos que a mitologia associa particularmente a mulher com a morte, de modo que o fatal já terminou com o silêncio que nos é imposto pela falta de representatividade tanto da morte como da vagina. É interessante como, ao investigar o conceito de feminino, ele parece sempre ligado aos da pulsão da morte e da criatividade. Na minha opinião, isso está relacionado com o que Beauvoir (2013) escreve magistralmente:

> *A Mãe Terra devora em seu ventre os ossos de seus filhos. São as mulheres Parcas e Moiras – que tecem o destino humano; mas também são elas que cortam os fios. Na maioria das representações populares, a Morte é uma mulher, e cabe às mulheres chorar os mortos, já que a morte é o seu trabalho. Assim a Mulher-Mãe tem um rosto de trevas: ela é o caos do qual tudo surgiu e ao qual tudo deve retornar um dia; ela é o Nada. (p. 60)*

Côncavo/convexo

Encontro-me bem nesse receptáculo, a xora para Kristeva (1980), porque vale agora a pena mencionar Aulagnier (1968) que disse: "Mas por que eu falo a vocês dos homens?" e respondeu: "Porque devo fazê-lo cada vez que falo de feminilidade". Na antiguidade, Platão falou no Timeu sobre o conceito de khôra, para se referir a um receptáculo primitivo e móvel, anterior ao Um, ao pai ou inclusive à sílaba, o qual foi surpreendentemente designado como o maternal e o nutritivo. Talvez essa seja a razão da estratégia de Sócrates de emprestar a sua voz ao discurso transmitido por uma mulher: a sacerdotisa, a mágica, Diotima.

Penso que alguns fenômenos literários, e em outras áreas, como a psicanálise, nos permitiram repensar esta grande questão aberta sobre o feminino, estou pensando em Virginia Woolf e seu romance *Orlando* (1928), muito provavelmente escrito após a trágica ruptura com sua amante Vita Sackville-West. Orlando é o favorito da rainha, que lhe dá um anel de esmeralda e lhe confere a capacidade de não envelhecer nem morrer. Encontros e discórdias: primeiro como um homem apaixonado por uma princesa russa que depois o abandona, ele decide fugir para a Turquia. Lá, no sono de 10 dias, ele acorda como uma mulher, que se casa com um marinheiro. Ao longo da trama, a transformação do personagem é jogada com: mudança de sexo, mudança de roupas, questionamento do gênero, mas sem sexo explícito, como na maioria das obras de Woolf. Metamorfoses ao longo dos 400 anos de vida do personagem.

Uma das coisas mais impressionantes sobre essa mutação é que ela não é cruel para o corpo ou para a alma. Ou seja, não implica mutilação ou dano, ocorre passivamente enquanto ela dorme e no seu sono é visitada pelas alegorias de Castidade, Pureza e Modéstia. Orlando me lembra as lendas das tribos ameríndias, que acreditam que alguns de seus membros têm dois espíritos em um corpo, um espírito feminino e um espírito masculino, eles são conhecidos como "dois espíritos" ou "berdache".

Lá surge a pergunta: androginia? Para alguns, Virginia quer mostrar a androginia como metáfora do processo criativo e como uma forma de dar vida: o fálico e o materno. Para outros, é uma questão do devir, e assim Orlando faz uma viagem transexual e transgênero em uma temporalidade perturbada.

Como podemos ver, um romance como *Orlando* faz um giro copernicano na forma como vemos as mulheres e a escrita, vale a pena considerar o que Glocer (2018) menciona: "Será possível pensar nos aspectos sublimatórios e criativos das mulheres sem referi-las de uma forma prática à 'sua parte masculina', como argumentou Freud?".

Finalmente começa-se a pensar no temido, no horror, no inexpugnável... Acaso o primordial ou o arcaico não geram a mesma sensação?

Vem-me à mente o que Winnicott (1966) escreve em "Os elementos masculinos e femininos dissociados encontrados em homens e mulheres", em que parte da bissexualidade que interpreta sob a modalidade conjugada na presença do "elemento feminino", que corresponde ao ser, e "o elemento masculino", que corresponde ao fazer. Por elemento refere-se àquela parte ou coisa transmitida pelo Outro materno-primordial, elementos femininos e masculinos que se referem e demarcam os primeiros rastros do que o bebê era para a pessoa que encarnava a função materna e o lugar que ocupava em relação ao desejo do Outro materno. O que é relevante é que tanto os elementos femininos como os masculinos são transmitidos por um outro primordial, são apresentados juntos em cada sujeito, independentemente do seu gênero biológico, no contexto de um determinado tempo e espaço característico da cultura, do tempo em cada comunidade. Winnicott mantém a necessidade lógica ser-fazer.

O constitutivo ou a potencialidade dos elementos femininos e masculinos também foi proposta por Christopher Bollas (2000). Ele menciona duas categorias de funções psíquicas: a materna estaria relacionada com a receptividade, o holding, a gestação, bem como com uma linguagem não verbal ou pré verbal; e as da ordem paterna são as funções ligadas à penetração, a fazer valer a lei, bem como à comunicação verbal. Para Bollas, trata-se do casal de pais em coito permanente, do qual nascem os objetos terciários; assim, a criatividade primária surge da oposição binária formada pelo pai interno que reprime e pela mãe interna que recebe.

Definitivamente, inscreve-se no feminino o fio da vida: fio de sangue, fio de leite, fio de tinta... Por isso, é necessário pensar em novos cenários do feminino; por exemplo, para Glocer (2018), nem os binarismos masculino-feminino ou fálico-castrado são suficientes para compreender os processos de subjetivação feminina; isto exigiria um pensamento triádico que englobasse corpos, identificações (incluindo as de gênero), desejo e sua travessia pelas normas aplicáveis. Ah, o corpo aparece! Normalmente associamos às mulheres um processo, um devir que está intimamente relacionado com o tempo e, portanto, com a mudança. A escritora Margo Glanz nos lembra que "para Michelet, a mulher é semelhante à natureza, pois é movida por um ritmo: assim como a terra é movida pela lua, assim a mulher é movida pelo sangue" (2019, p. 122). Algo é agora... mas deixará de ser imediatamente depois, para se tornar outra coisa. Muito heracliteano o assunto, o filósofo era famoso por sua insistência na mudança, na unidade e na harmonia dos opostos.

Escrever e tecer

As mulheres não escrevem porque "falta algo". Nesse sentido, o que importa no sexo não são os atributos genitais que se têm ou não, mas que, o que quer que se tenha, há uma falta e o que se percebe em um ou em outro como negatividade, é positivado, no sexo do outro (Schreck, 2001). O feminino está então relacionado a poder habitar esse vazio para homens e mulheres, e não a inveja de uma atitude pletórica, de plenitude, de fechamento, tanático, narcisístico-fálico que habita os mitos épicos. Parece-me estar de acordo com o que Le Breton (2002) assinala: "o corpo não é uma natureza incontestável, imutavelmente objetivada pelo conjunto das comunidades humanas".

A questão que se coloca é: existe uma coisa como a escrita feminina? Helene Cixous (2001), que cunhou o termo "escrita feminina", refere-se a um modo de escrita que "afirma a diferença", uma concepção ligada mais à forma de expressão de um olhar e a uma forma de relação com o outro e com a vida, do que a uma mera questão de gênero. Ela recorreu a uma série de metáforas que ligavam as mulheres e sua escrita à voz arcaica da mãe anterior às leis, ao ato de dar à luz, à inscrição do corpo no texto.

Penso que uma coisa que essas experiências compartilham é o silêncio; isto é, do feminino e do silêncio vêm a criatividade. No entanto, para alguns, o conceito de escrita feminina está preso numa insolúvel contradição: por um lado, exclui a oposição sexual, por outro, aponta que as mulheres são mais capazes na escrita feminina. Vou me deter sobre isso mais tarde; no entanto, Cixous possivelmente não se referia às mulheres em particular, mas pensava no feminino como um espaço ou processos. Isso pode ser visto em Gustav Mahler que, numa carta à sua namorada Alma, disse-lhe que quando ele estava no ato sexual, colocou-se numa posição feminina e se deixou penetrar, e dessa quietude, passividade e silêncio surgia sua música.

Daquele côncavo e passivo emerge a escrita, que nada teria a ver com o gênero, como vimos com Mahler. Para Annie Anzieu (1993), o modelo de interioridade feminina pode oferecer uma resposta possível às perguntas sobre a essência da feminilidade. Ela parte da interioridade e da indiferenciação no autismo (este último uma contribuição de Frances Tustin), chegando ao ponto de considerar que "o mais interior, o mais mudo, o ponto mais ignorado do autismo é talvez aquele em que o feminino começa" (Anzieu, 1993, p. 26). Anzieu até postula que "A analista feminina provavelmente ouve mais diretamente que o analista masculino graças à sua constituição anatômica: o terceiro ouvido não é nada mais que um sexo feminino acessando a cavidade feminina de qualquer analista" (1993, p. 105).

A partir de onde se escreve? Joyce McDougall (1993) retoma a bissexualidade inerente, sugerindo que a parte criativa tem a ver com a integração das partes "masculina" e "feminina" de nós, junto com a capacidade de integrar e simbolizar nossas formas orais, anais e fálicas de sexualidade e identidade infantil. López (2009) diz-nos que é interessante como McDougall "relaciona a criatividade com o processo de criação partenogenética, as identificações cruzadas com o pai do outro sexo, servem para criar uma espécie de casal interno que dá origem a um novo projeto ou ideia" (p. 78).

A escrita torna-se um ato de paternidade/maternidade, abrindo a possibilidade de uma nova linhagem. Então, teríamos que questionar a ideia de uma literatura feminina ou masculina, a criação de Flaubert de *Madame Bovary*, *Anna Karenina* de Tolstoi, ou *Memórias de Adriano* de Marguerite Yourcenar, transmitir-nos os devaneios, os conflitos e a subjetividade da personagem. Fala da grande capacidade de um escritor de se identificar com o feminino e o masculino e de explorá-los além dos limites de seu próprio gênero. É por isso que a escrita não é reduzida a XY ou XX.

Referências

Anzieu, A. (1993). *Ser mujer después de Freud. La mujer sin cualidad, para un psicoanálisis de la feminidad*. Biblioteca Nueva.

Aulagnier, P. (1968). Observaciones sobre la feminidad y sus avatares. In El deseo y la perversión (pp. 63-94). Sudamericana.

Beauvoir, S. (2013). *El segundo sexo* (pp. 146-147). Random House.

Bollas, C. (2000). *Histeria*. Routledge.

Cixous, H. (2001). *La risa de la Medusa*. Anthropos.

Dolto, F. (1998). *Lo femenino. Artículos y conferencias* (pp. 22-55). Paidós.

Freud, S. (1932). Conferencia 33. *Nuevas conferencias de introducción al psicoanálisis*. Tomo XXII. Amorrortu.

Glanz, M. (2019). *El texto encuentra um cuerpo*. Colección Lectores.

Glocer, L. (2018). Lo femenino. Transformaciones e interfaces. *Aperturas Psicoanalíticas*, *58*(16), 1-9.

Kristeva, J. (1980). *Poderes de la perversión*. Siglo XXI.

Le Breton, D. (2002). *La sociología del cuerpo* (2a ed.). Ediciones Nueva Visión.

López, L. (2009). *El factor Munchausen. Psicoanálisis y creatividad.* Colección Ah hoc.

McDougall, J. (1993). *Alegato por una cierta anormalidad*. Paidós.

Schreck, A. (2001). Reflexiones en torno a la sexualidad femenina. *Psicomundo*. https://www.psicomundo.com/mexico/articulos/art21.htm

Winnicott, D. (1994). Los elementos masculinos y femeninos disociados que se encuentran en hombres y mujeres. In *Realidad y juego* (cap. 5).Gedisa Editorial, 1966.

Woolf, V. (1928). *Orlando*. Debolsillo.

Sobre os autores

Anabel Beniscelli

Psicóloga com especialização em Psicanálise e Gênero, mestre em Psicologia Social de Grupos e Instituições, doutora em Estudos de Gênero e em Psicologia. Professora adjunta no Programa Gênero, Sexualidade e Saúde Reprodutiva do Instituto Psicologia da Saúde da Faculdade de Psicologia, Universidade da República, Uruguai.

Cândida Sé Holovko

Psicanalista membro efetivo da Sociedade Brasileira de Psicanálise de São Paulo (SBPSP) e da International Psychoanalytical Association (IPA), docente do Instituto de Psicanálise Durval Marcondes da SBPSP. Membro do Instituto de Psicossomática Pierre Marty, Paris. *Co-Chair* do *Committee on Women and Psychoanalysis – International Psychoanalytical Association* (Comitê de Mulheres e Psicanálise – Associação Psicanalítica Internacional, COWAP-IPA) para a América Latina (2014-2017). Conselheira na comissão COWAP Brasil, coordenadora do grupo de estudos de Psicossomática Psicanalítica da Escola de Paris na SBPSP, coorganizadora de três livros sobre sexualidade e gênero e um livro sobre psicossomática psicanalítica. Tem publicado capítulos em livros e artigos em revistas nacionais e internacionais sobre feminilidade, masculinidade, violência sexual e psicossomática psicanalítica. É coordenadora do projeto de combate à violência doméstica na Diretoria de Assistência à Comunidade (DAC) da SBPSP.

Carmem Luz Silva Sánchez

Psicóloga clínica de *La Pontificia Universidad Católica de Chile*, analista em formação do Instituto de Psicoanálise da *Asociação Psicanalítica Chilena* (APCh), professora associada planta especial da Escola de Psicologia da *Pontificia Universidad Católica de Chile*.

Coraci Ruiz

Documentarista desde 2003, quando participou da fundação da produtora Laboratório Cisco, especializada em temas relacionados a direitos humanos, movimentos sociais, meio ambiente e cultura popular. Graduada em dança, mestre em Cultura Audiovisual e Mídia, e doutora em Multimeios – todos pela Universidade Estadual de Campinas (Unicamp). Seu primeiro longa foi *Cartas para Angola* (2012), que lhe permitiu participar de diversos festivais. O filme foi premiado no Brasil, Angola, Portugal e Bélgica. Seu segundo filme, *Limiar* (2020), participou de mais de 80 festivais em diversos países e 22 premiações no Brasil e exterior. *Germino pétalas no asfalto* (2022), seu terceiro longa, foi exibido em festivais em diversos países, recebeu 14 premiações no Brasil e no exterior. Dirigiu ainda alguns curtas, entre eles *Tudo que importa* (2024), *O dia encantado dos erês* (2023), *Pluma forte* (2019) e *Outra cidade* (2009); além das séries televisivas *Um dia na vida em Paraty e Ilha Grande* (2022) e *Sonora Brasil: líricas femininas* (2023); fez também diversos conteúdos para televisão, vídeos educativos e sociais. Atualmente trabalha no desenvolvimento de seu quarto longa: *Furta-Cor*.

Ema Ponce de León

Psicanalista de crianças, adolescentes, adultos e casais, doutora pela Universidade Complutense de Madri, membro titular com função didática da Associação Psicanalítica do Uruguai e membro da Associação Psicanalítica Internacional (IPA). Membro de enlace do COWAP no Uruguai e coordenadora do Grupo de Investigação do COWAP sobre infância e adolescência. Integra o Comitê da IPA sobre abuso sexual infantil. Fundadora e diretora do centro interdisciplinar para assistência de crianças e adolescentes Clínica da Criança – Centro do Adolescente desde 1991 (Montevideo). Publicou numerosos artigos em revistas nacionais e estrangeiras, dentro dos temas do COWAP sobre sexualidade feminina, maternidade adolescente e parentalidade. Coeditora do livro do COWAP: *Violências. Gênero-Infância-Sociedade*.

Eva Rotenberg
Psicanalista, membro didata da Associação Psicanalítica Argentina (APA), Associação Psicanalítica Internacional (IPA) e Federação Psicanalítica da América Latina (FEPAL). Diretora do departamento de Psicossomática de APA. Ex-enlace APA do COWAP. Estudou Sociologia e Antropologia na Universidade de Tel Aviv, Israel. Introduziu o tema do casamento igualitário no Congresso da IPA, no Rio de Janeiro (2003). Autora e compiladora do primeiro livro publicado sobre *Padres del mismo sexo* (Pais do mesmo sexo, Lugar Editorial, 2007). Atualmente leciona com diploma internacional sobre Abordagem Multifamiliar em Psicossomática, Patologia Mental Grave, Infância, Juventude, Família e Casos Difíceis na AMPAG, México. Recebeu menção honrosa no 15º Congresso de Neurociências e Saúde Mental por suas contribuições. Autora de numerosos livros, trabalhos científicos e capítulos publicados na Argentina, Inglaterra, Itália, Estados Unidos, Brasil, Espanha, México e Argentina. Diretora da Escola para Pais Multifamiliar.

Fernando Orduz González
Psicanalista, membro titular da Sociedade Colombiana de Psicanálise. Presidente da Federação Psicanalítica da América Latina (FEPAL, 2014-2016).

Mag. Graciela Cardó Soria
Psicanalista da Sociedade Peruana de Psicanálise (SPP). Bacharel, graduada em Psicologia Clínica pela Pontifícia Universidade Católica do Peru (PUCP), mestre em Estudos Teóricos em Psicanálise pela PUCP, doutoranda em Psicanálise e Interdisciplina na PUCP, membro da Sociedade Peruana de Psicanálise (SPP) e da Associação Psicanalítica Internacional (IPA). Presidente da Sociedade Peruana de Psicanálise. *Co-Chair* para Latinoamérica do Comitê de Mulheres e Psicanálise (COWAP-IPA). Professora de pós-graduação na Pontifícia Universidade Católica do Peru, docente do Instituto da Sociedade Peruana de Psicanálise.

Gley P. Costa
Médico psiquiatra e psicanalista, membro fundador, titular e analista didata da Sociedade Brasileira de Psicanálise de Porto Alegre (SBPdePA), professor na Fundação Universitária Mário Martins (FUMM), autor de livros de psicanálise.

José Enrique Galeano da Costa

Psicólogo clínico, graduado pela Universidade Católica de *Nuestra Señora de la Asunción*. Psicanalista, membro titular da Associação Psicoanalítica de Assunção (APdeA), membro da Associação Psicanalítica Internacional (IPA), membro de enlace do COWAP. Atualmente faz parte da Comissão Científica da *Federación Psicoanalítica* de América Latina FEPAL (2022-2024), membro da comissão da equipe editorial da Revista de Psicanálise Latinoamérica, *Calibán*. Coautor dos livros *Ciberbullying: orientaciones para padres y docentes* e *Adolescencia: una mirada para enfrentar sus riesgos*. Trabalha em consultório particular com adolescentes e adultos.

Josefina Caldas

Psicóloga pela Faculdade de Psicologia da Universidade da República do Uruguai. Diplomada em Estudos de Gênero e Psicanálise do Instituto Centro Uno.

Juliana Picado Alvares Ribeiro dos Santos

Psicóloga clínica, membro filiado ao Instituto de Psicanálise Durval Marcondes da Sociedade Brasileira de Psicanálise de São Paulo (SBPSP). Representante do COWAP no Brasil – Enlace dos membros filiados junto à Associação Brasileira de Candidatos (ABC) (2018-2021), representante da Associação dos Membros Filiados (AMF) no COWAP junto a SBPSP (2016-2023), membro do Núcleo de Psicanálise de Santos e Região (NPSR).

Jurenice Picado Alvares

Psicanalista, membro efetivo da Sociedade Brasileira de Psicanálise de São Paulo (SBPSP) e da Associação Psicanalista Internacional (IPA), docente do Instituto de Psicanálise Durval Marcondes da SBPSP, membro de enlace do COWAP na SBPSP, coordenadora do grupo de estudos Psicanálise e Gênero do COWAP na SBPSP, coordenadora do projeto de combate à violência doméstica na Diretoria de Assistência à Comunidade (DAC) da SBPSP. Diretora regional da SBPSP 2013-2014. Editora do livro *Encontros Regionais I*, SBPSP, 2012, membro fundador e atual presidente do Núcleo de Psicanálise de Santos e Região (NPSR). Publicações sobre feminino, adolescência, gênero, sexualidades e violência sexual.

Liliana Hernández Almazán

Psiquiatra formada pela Universidade Autônoma de San Luis Potosí, psicanalista formada pelo Instituto Dr. Ramón Parres da Associação Psicanalítica Mexican (APM), membro da Associação Psicanalítica Internacional e da Federação Psicanalítica da América Latina. Participou da Comissão Científica da APM (2020-2022). Mestranda em Valorização e Criação Literária na Casa Lamm.

Manola Vidal

Psicanalista, membro convidado da Sociedade Brasileira de Psicanálise do Rio de Janeiro (SBPRJ). Mestre e doutora em saúde da criança e da mulher pelo Instituto Nacional de Saúde da Mulher, da Criança e do Adolescente Fernandes Figueira (IFF-FIOCRUZ), pós-doutora em Psicanálise e Saúde Mental pelo Instituto de Psiquiatria da Universidade Federal do Rio de Janeiro (IPUB-UFRJ). Estudante de especialização em psicanálise, gênero, ética e política do Instituto de Pesquisa em Psicanálise e Relações de Gênero (IPPERGE).

Márcia Renata Barroso

Psicóloga clínica, psicoterapeuta de casal e família pela Pontífica Universidade Católica do Rio de Janeiro (PUC-RJ), formação em observação de bebês modelo Esther Bik pelo Instituto Maternelle, Self Terapeuta pela Pontifícia Faculdade Teologia San Boaventura (*San Seraphicum Roma*). Associada a Associação de Terapia de Família do Rio de Janeiro (ATFRJ).

Maria Antonieta Pezo del Pino

Psicanalista vincular, pós-doutorado em Psicologia Clínica pelo Instituto de Psicologia da Universidade de São Paulo (IP-USP), pesquisadora do Laboratório de Psicanálise, Sociedade e Política. Coordena o espaço virtual René Kaës: co-pensando grupalmente. Membro do Instituto de Apoio à Gestão Pública (IAGP), membro do COWAP, São Paulo, docente de Pós-graduação e autora de diversos artigos e capítulos em livros.

María Laura Dargenton

Psicanalista, licenciada em Psicologia, membro da Associação Psicanalítica de Córdoba, coordenadora do COWAP Argentina.

Marianna Ramos e Oliveira
Psicóloga clínica com graduação pela Universidade Federal do Triângulo Mineiro (UFTM). Psicanalista em formação integrada de crianças, adolescentes e adultos, filiada à Sociedade Brasileira de Psicanálise de São Paulo e à International Psychoanalytical Association (SBPSP-IPA). Mestre em Saúde Mental pela Faculdade de Medicina de Ribeirão Preto da Universidade de São Paulo (FMRP-USP), com enfoque em desenvolvimento infantil, interações mães-crianças e depressão materna. Membro docente e da Secretaria de Comunicações do Grupo Psicanálise Uberaba.

Mariza Moreno
Psicóloga clínica com especialização em Terapia de Família e Casal pela Pontífica Universidade Católica do Rio de Janeiro (PUC – Rio de Janeiro).

Pablo Silvetti
Psicólogo, psicanalista em formação na Associação Psicanalítica de Córdoba (APC), membro da equipe de coordenação do COWAP – Argentina.

Patrícia Alkolombre
PhD e membro titular da Associação Psicanalítica Argentina (APA) e Presidente do Comitê Mulheres e Psicanálise (COWAP) da Associação Psicanalítica Internacional (IPA). Docente convidada no Doutorado USAL-APA, supervisora e docente em instituições do país e do exterior. Autora dos livros *Deseo de hijo, Pasión de hijo, Esterilidad y técnicas reproductivas a la luz del psicoanálisis* (2008) e *The desire and passion for a child. Psychoanalysis and contemporary reproductive techniques* (2023). Autora e compiladora do livro *Travesías del cuerpo femenino* (2012) (Declaração de interesse na cultura e saúde pela Legislatura da Cidade de Buenos Aires). Autora e co-compiladora de várias publica*ções* do COWAP como: *Parentalidades y género*; *Violencias y subjetividad*; *Femenino-masculino*; *Mariam Alizade: ideas centrales a la luz de la crisis actual*; *Poder, amor y género: perspectivas masculinas contemporáneas*; *Poder, amor y género: perspectivas femeninas.*

Rodrigo Lage Leite
Psicanalista, membro efetivo e docente do Instituto de Psicanálise Durval Marcondes da Sociedade Brasileira de Psicanálise de São Paulo (SBPSP). Psiquiatra pelo Instituto de Psiquiatria da Faculdade de Medicina da Universidade de São Paulo (IPq-USP).

Sebastian Putrelli

Psicólogo com formação acadêmica nos estudos de gênero e masculinidades. Docente ajudante no programa Gênero, Sexualidade e Saúde Reprodutiva do Instituto Psicologia da Saúde da Faculdade de Psicologia da Universidade da República, Uruguai.

Sergio Eduardo Nick

Psiquiatra, psicanalista da Sociedade Brasileira de Psiquiatria do Rio de Janeiro (SBP-RJ), psicanalista de crianças e adolescentes no Comitê de Psicanálise da Criança e do Adolescente (COCAP/IPA), pós-graduado em Psiquiatria e Psicoterapia da Infância e do Adolescente pela Clínica de Orientação Infantil da Universidade Federal do Rio de Janeiro (UFRJ), pós-graduado em Direito da Criança e do Adolescente pela Faculdade de Direito da Universidade do Estado do Rio de Janeiro (UERJ). Membro efetivo da SBPRJ, membro da Associação Psicanalítica Internacional (IPA).

Sodely Páez

Psicóloga com master em Clínica, psicanalista titular com função didática da Sociedade Psicanalítica de Caracas. Membro de enlace COWAP da Sociedade Psicanalítica de Caracas. Radicada em Miami.

Teresa Lartigue

Doutora em Investigação Psicológica, psicanalista titular com função didática na Associação Psicanalítica Mexicana (APM), com especialização em psicanálise de crianças e adolescentes e psicoterapia bebê-pais. Presidente da Associação Paulista de Medicina (APM, 2002-2004) e diretora do Instituto na APM (2004-2006). *Co-Chair* pela Latinoamérica COWAP/IPA (2005-2009), consultora pela Latinoamérica do Comitê da IPA – Estudos da Diversidade Sexual e de Gênero (2017-2021). Editora Permanente dos *Cuadernos de Psicoanálisis* APM. Co-compiladora dos livros *Sexualidad y reproducción humana en México, Psicoanálisis y relaciones de género, Sexualidad y género. Una visión psicoanalítica, Gender and psychoanalysis. Clinical contributions y género y psicoanálisis. Contribuciones contemporáneas; Apego y vínculo materno infantil, La interpretación de los sueños, La cultura de la parentalidad, antídoto contra la violencia y la barbarie,* y *Violencia social y filial en América Latina. Perspectivas psicoanalíticas y poder, género y amor II. Perspectivas femeninas contemporáneas.*

Teresa Rocha Leite Haudenschild

Analista didata e de crianças e adolescentes da Sociedade Brasileira de Psicanálise de São Paulo (SBP-SP). Trabalha com clínica psicanalítica há 45 anos, tendo se dedicado ao estudo da simbolização inicial e constituição da identidade e psicossexualidade. Publicou 2 livros sobre esses temas: *O primeiro olhar – Desenvolvimento psíquico inicial, déficit e autismo* (2015) e *Psicosssexualidades – Feminilidade, masculinidade e gênero* (2016). Ministra seminários teóricos e clínicos no Instituto Durval Marcondes desde 1987. Foi cofundadora em 1999 do COWAP Brasil (*Committee Women and Psychoanalysis* da IPA), representando-o junto à Feprapsi até final de 2017. Tem formação anterior em filosofia e foi jornalista até interessar-se por psicanálise.

Virginia Ungar

Médica, psicanalista, membro titular com função didática de Asociación Psicianalítica de Buenos Aires (APdeBA). Especialista em psicanálise de crianças e adolescentes, ex-coordenadora do Comitê de Psicanálise de Crianças e Adolescentes da IPA e do Comitê para uma Formação Integrada da IPA. Recebeu o Prêmio Konex de Platino 2016. Presidente da Asociación Psicoanalítica Internacional (IPA) (2017-2021).

GRÁFICA PAYM
Tel. [11] 4392-3344
paym@graficapaym.com.br